文化中行

"一带一路"国别文化手册

俄罗斯
RUSSIA

中国银行股份有限公司
社会科学文献出版社　编

社会科学文献出版社
SOCIAL SCIENCES ACADEMIC PRESS (CHINA)

俄罗斯
RUSSIA

中国驻俄罗斯大使馆
(Embassy of the People's Republic of China in Russia)

地址：No.6，UL.Druzhby, Moscow, Russia, 117330
领事保护热线：007-9636201852
网址：http://ru.china-embassy.org
　　　http://ru.chineseembassy.org
注：其他领事馆信息详见附录二

俄罗斯
RUSSIA

序

  2013年，国家主席习近平在出访中亚和东南亚国家期间，先后提出共建"丝绸之路经济带"和"21世纪海上丝绸之路"的重大倡议，向全世界宣告了亿万中国人民谋求和平发展，与沿线国家和地区共同合作、共建繁荣的美好愿景。"一带一路"战略布局无疑成为当今世界最大的系统性工程，得到国际社会的广泛响应。

  道之大者，为国为民。作为中华民族金融业的旗帜，中国银行早已将"为社会谋福利，为国家求富强"的信念植入血脉。在一百多年的发展进程中，不断顺应历史潮流，持续经营、稳健发展，为民族解放、社会进步、国家繁荣做出重要贡献。站在新的历史机遇期，以"担当社会责任"为己任，以"做最好的银行"为目标的中国银行，依托百年发展铸就的品牌价值和全球服务网络，利用海外资金优势，实现全球资源配置，护航"一带一路"战略，不仅具有得天独厚的优势，更是义不容辞的责任。

金融业是经贸往来的"发动机"和"导流渠"，是支持"一带一路"建设的中坚力量。中国银行作为国际化、多元化、专业化程度最高的国有股份制商业银行，截至2015年底，已在"一带一路"沿线18个国家设立分支机构，未来，将持续完善全球布局，增加对"一带一路"沿线国家的机构覆盖。可以肯定地讲，中国银行完全有能力承担起国家赋予的责任与使命，为构建"一带一路"金融大动脉做出重要而独特的贡献。

"一带一路"建设投资规模大、周期长，涉及众多国家和地区，金融需求跨地区、跨文化差异明显，这对银行业提出了新的挑战。如何跟上国家对外投资的步伐，如何为"走出去"企业铺路搭桥，如何入乡随俗、实现文化融合，成为我行海外发展面临的一系列重要问题。《文化中行——"一带一路"国别文化手册》（以下简称《手册》）正是在这个大背景下应运而生。《手册》从文化角度出发，全面介绍了我行已设和筹设分支机构的"一带一路"沿线国家的政治经济环境、金融发展业态、民俗宗教文化等，为海外机构研究发展策略、规避经营风险、解决文化冲突、融入当地社会提供实用性、前瞻性的指导和依据。对我行实现跨文化管理，服务"走出去"企业，指导海外业务发展，发挥文化影响力，实现集团战略都具有重要的价值。

  最好的银行离不开最好的文化。有胸怀、有格局的中行人，以行大道、成大业的气魄，一手拿服务，一手拿文化，奔走在崭新又古老的"丝路"上。我们期待《手册》在承载我行价值理念，共建区域繁荣的道路上占有重要一席，这也正是我们实现文化"走出去"战略的题中应有之义。

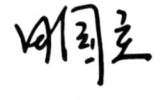

2015 年 12 月

目录

CONTENTS

009 第一篇 国情纵览

011 人文地理

019 气候状况

022 文化国情

031 第二篇 政治环境

033 国家体制

045 政治制度

053 行政结构

057 外交关系

063 第三篇 经济状况

065 能源资源

069 基础设施

072 国民经济

077 产业发展

080 金融体系

第四篇
双边关系

089
双边政治关系

093
双边经济关系

097
俄罗斯主要工会、商会及华人社团

099
俄罗斯当地主要中资企业

附　录

103
世界银行·营商环境指数

107
其他领事馆信息

109
跋

111
后　记

俄罗斯
RUSSIA

第一篇
国情纵览

俄罗斯
RUSSIA

一　人文地理

1　地理概况

俄罗斯联邦是世界上领土面积最大的国家，领土面积为1707.54万平方公里，占地球陆地面积的11.4%，是苏联总面积的76.3%。它位于欧亚大陆的北部，北纬41°到北纬81°49′之间，俄罗斯北部领土36%在北极圈内。领土略呈长方形，包括欧洲的东半部和亚洲的北部，从最东端白令海峡的杰日尼奥夫角到最西端加里宁格勒州的波罗的海海岸，长约1万公里，横跨11个时区。首都是莫斯科（Moscow）。

俄罗斯拥有漫长的疆界线，边界的东、北部是海疆，西、南部主要是陆界。总长度超过6万公里，其中海疆约占2/3，海岸线长4.3万公里，共与12个海相邻：北临北冰洋的巴伦支

俄罗斯的地理位置

海、白海、喀拉海、拉普捷夫海、东西伯利亚海和楚科奇海，东濒太平洋的白令海、鄂霍次克海和日本海，西濒大西洋的波罗的海、黑海和亚速海。俄罗斯的陆路边界约占其疆界的 1/3，共与 14 个国家接壤：挪威、芬兰、爱沙尼亚、拉脱维亚、立陶宛、波兰、白俄罗斯、乌克兰、格鲁吉亚、阿塞拜疆、哈萨克斯坦、蒙古、中国和朝鲜。此外，在东部还同日本和美国的阿拉斯加隔海相望。

俄罗斯国土面积广阔，各种地形地貌均有。地形复杂多样，以平原为主，湖泊、河流、森林密布其上。俄罗斯拥有世界最深的湖泊——贝加尔湖，欧洲最高的山峰——厄尔布鲁士山，欧洲最长的河流——伏尔加河，欧洲最大的湖泊——拉多加湖以及北半球的寒极——奥伊米亚康。

俄罗斯的冬季气候非常寒冷，大部分河流在冬季都会封冻，时间为 2~7 个月不等。向北注入北冰洋和波罗的海的河流结冰期通常要长达 5~7 个月，而向南注入里海和黑海的河流结冰期则要短很多，为 2~5 个月。

2　历史沿革

俄罗斯历史起源于东欧草原上的东斯拉夫人，也是后来的俄罗斯人、乌克兰人和白俄罗斯人的共同祖先。基辅罗斯是东斯拉夫人建立的第一个国家。988 年开始，东正教（基督教的东部分支）从拜占庭帝国传入基辅罗斯，由此开始了拜占庭和斯拉夫文化的融合，并最终形成了占据未来 700 年时间的俄罗斯文化。13世纪初，基辅罗斯被蒙古人占领后，最终分裂成多个国家，这些国家都自称是俄罗斯文化和地位的正统继承人。

1613年，米哈伊尔·费奥多罗维奇被全俄缙绅会议推举为沙皇，从而开创了诺曼罗夫王朝的统治。彼得一世沙皇（1682～1725年）是俄罗斯历史上的伟大君主，他大规模引进欧洲文明的优秀成果，在文治武功方面都取得了举世瞩目的成绩。1812年，俄罗斯遭遇了横扫欧洲的拿破仑大军的入侵并最终将其战胜，因此在欧洲声望大增，当时的沙皇亚历山大一世成为欧洲王室的救世主。1848年欧洲大革命爆发后，俄罗斯出兵帮助欧洲王室扑灭革命火焰，获得了"欧洲宪兵"的称谓。

20世纪初，沙皇俄国卷入第一次世界大战。战争的严重消耗以及国内阶级矛盾的加剧导致了1905年革命、1917年二月革命和"十月革命"的爆发。列宁在"十月革命"后建立了世界上第一个苏维埃社会主义政权，于1922年在原沙俄帝国版图上建立了苏联。苏维埃政权虽然在成立初期遭遇到白军和外国干涉军的疯狂进攻，但在列宁和斯大林的领导下迅速稳定了国内局势，国民经济和国家实力得以迅速恢复和持续快速增长。苏联在第二次世界大战中战胜了德国法西斯。二战结束后，美苏爆发"冷战"。苏联建立了强大的社会主义阵营，成为世界超级大国。"冷战"期间，苏联的政治和经济管理体制走向僵化，经济发展放缓，国家实力和人民生活水平与西方的距离越拉越大。戈尔巴乔夫1985年当选苏共中央总书记后，推行了一系列政治和经济改革措施，但没有取得实际效果，反而激化了内部矛盾，最终导致苏共亡党、苏联解体。

1991年12月，苏联解体，俄联邦成为苏联的继承国。叶利钦当选俄联邦首任总统，在其执政期间，俄罗斯政局持续动荡，经济大幅度下滑和长期低迷，安全形势急剧恶化。2000年，普京当选为俄罗斯总统。普京对内大力巩固中央集权，整肃寡头，稳定国民经济，打击腐败和分裂势力，使俄罗斯经济和社会恢复了正常秩序，并重回发展轨道；对外努力维护俄罗斯领土和主权，积极改善地缘政治、经济和安全环境，使俄罗斯重获世界大国地位。2008～2012年，梅德韦杰夫担任俄联邦总统，普京担任俄联邦总理，俄罗斯基本上仍是沿着普京规划的道路前进。2012年，普京第三次当选俄联邦总统。2014年3月，俄罗斯兼并克里米亚，大力支持乌克兰东部亲俄分裂势力，引来西方的大规模经济制裁。普京总统虽然在国内获得空前高的支持率，但是如何在西方制裁的环境下实现国家发展，成为其面临的严峻考验。

3 人口综述

俄罗斯人口数量世界排名第7，居中国、印度、美国、印度尼西亚、巴西、巴基斯坦之后，2013年的总人口为1.437亿人。其中，俄罗斯族人口1.11亿人，占总人口的77.24%，鞑靼族约占3.8%，乌克兰族约占3%，楚瓦什族约占1.25%，白俄罗斯族约占0.8%，莫尔多瓦族约占0.7%，德意志族和车臣族各约占0.6%，阿尔瓦族、亚美尼亚族、以色列族各占0.4%。2013年统计资料显示，俄罗斯超过1/5的人口居住在15个超过百万人口的城市里：莫斯科（1198万人）、圣彼得堡（502.8万人）、新西伯利亚（152.4万人）、叶卡捷琳堡（139.6万人）、下诺夫哥罗德（126万人）、喀山（117.6万人）、萨马拉（117.2万人）、鄂木斯克（116.1万人）、车里雅宾斯克（115.6万人）、顿河畔罗斯托夫（110.4万人）、乌法（107.8万人）、伏尔加格勒（101.9万人）、克拉斯诺亚尔斯克（101.6万人）、彼尔姆（101.4万人）、沃罗涅日（100.4万人）。

俄罗斯地域辽阔，人口平均密度很低，目前每平方公里仅8.43人，是世界上人口密度最低的国家之一。但人口分布极不平均，欧洲地区人口稠密，占全国人口的78.5%，平均每平方公里34.4人；而且人口主要集中在中央区、伏尔加河沿岸区、北高加索区和乌拉尔区，这四个区的面积占全国总面积的13%，占全国总人口57.4%的居民居住在这些地区。西伯利亚和远东地区地域辽阔，面积占全国总面积的80.2%，却人口稀少，在这些地区居住的居民仅占全国人口的21.5%，平均每平方公里2.32人，而且主要集中在南部铁路沿线地带。

在俄罗斯人口性别结构中，男性比重一直低于女性。多年保持着男性居民占总人口的47%、女性占53%的比例。俄罗斯人整体文化素质较高，85%的城市居民和65%的农村居民具有中高等文化程度。

4　语言文字

俄罗斯境内各民族都有自己的语言。目前，大约有130种语言，其中有近 70 种文学语言。

俄罗斯 87.3% 的居民的民族语言属于印欧语系，其中又分为：斯拉夫语族（俄语、乌克兰语、白俄罗斯语以及波兰语、保加利亚语，占 85.4%），拉丁语族（摩尔多瓦语，占 0.1%），波斯语族（塔吉克语、奥塞梯语、库尔德语、塔特语、俾路支语、帕米尔语，占 0.3%），亚美尼亚语族（亚美尼亚语，占 0.4%），日耳曼语族（犹太语、德语，占 0.9%）和印度语族（茨冈语，占 0.1%）等。有 6.6% 的居民的民族语言属于阿尔泰语系，其中又分为：突厥语族（乌兹别克语、哈萨克语、鞑靼语、阿塞拜疆语、土库曼语、吉尔吉斯语、楚瓦什语、巴什基尔语等，占 6.3%），蒙古语族（布里亚特语、卡尔梅克语，占 0.3%）和通古斯满语族。有 0.7% 的居民的民族语言属于高加索语系（格鲁吉亚语、车臣语等）。有 2.4% 的居民的民族语言属于乌拉尔语系（莫尔多瓦语、马里语、科米语、卡累利阿语等）。此外，还有其他为数不多居民的民族语言分别属于古亚细亚语系、爱斯基摩阿留申语系（爱斯基摩语、阿留申语）、闪含语系（亚述语）和汉藏语系（东干语）。

俄语是俄罗斯联邦官方用语和各族人民进行民族交往最常用的语言。居住在俄罗斯的非俄罗斯族人大多数都将自己民族的语言视为母语，只有少部分人将俄语视为母语。生活在俄罗斯的乌克兰人、白俄罗斯人、日耳曼人（немцы）、犹太人（евреи）、波兰人（поляки）、朝鲜人（корейцы）、希腊人（греки）、拉脱维亚人（латыши）、爱沙尼亚人（эстонцы）大多数将俄语视为母语。在 1989 年居民登记时非俄罗斯族居民中 27.6% 的人（750 万人）以俄语作为自己的母语。这些人被称为俄语居民，他们在文化关系方面与俄罗斯人没有多少差异。这些俄语居民的民族构成主要有乌克兰人（51.8%）、白俄罗斯人（18.6%）、犹太人（6.3%）、日耳曼人（4.9%）、鞑靼人（2.5%）、波兰人（2.2%）、摩尔多瓦人（1.7%）、亚美尼亚人（1.6%）。根据 1989 年的统计，在俄罗斯包括占绝大多数俄罗斯人在内的所有俄语居民人数达 1.273 亿人。

特别提示：文化名人

★ 普希金（1799～1837），俄国伟大的诗人、浪漫主义文学的杰出代表，现实主义文学的奠基人，现代标准俄语规范的创始人。普希金抒情诗内容广泛，既有政治抒情诗《致恰达耶夫》《自由颂》《致西伯利亚的囚徒》等，也有大量爱情诗和田园诗，如《我记得那美妙的一瞬》和《我又重新造访》等。普希金一生创作了 12 部叙事长诗，其中最著名的有《鲁斯兰和柳德米拉》《高加索的俘虏》《青铜骑士》等。普希金剧作不多，最重要的是历史剧《鲍里斯·戈都诺夫》。此外，他还创作了诗体小说《叶甫盖尼·奥涅金》、散文体小说《别尔金小说集》及长篇小说《上尉的女儿》。

★ 列夫·托尔斯泰（1828～1910），俄国作家，出身于贵族家庭，1844 年进入喀山大学东方语文系和法律系学习，接受资产阶级启蒙思想影响，1847年退学。1851年参军，参加过克里米亚战争。主要作品有《战争与和平》《安娜·卡列尼娜》《复活》等。晚年放弃贵族特权和财产，过着平民生活。

★ 柴可夫斯基（1840～1893），19世纪俄国最著名的作曲家，俄罗斯民族音乐与西欧古典音乐的集大成者。他的作品丰富多彩，是现实主义和浪漫主义结合的典范，几乎涉及所有音乐体裁，主要有6部交响乐、10部歌剧、3部芭蕾舞剧、3部钢琴协奏曲、1部小提琴协奏曲、12部大型交响乐曲、5部重奏曲及大量小型作品，如歌剧《叶甫盖尼·奥涅金》《黑桃皇后》等，芭蕾舞剧《天鹅湖》《胡桃夹子》《睡美人》，交响曲《第四交响曲》《第五交响曲》《悲怆（第六）交响曲》《降b小调第一钢琴协奏曲》《D大调小提琴协奏曲》，以及交响诗《罗密欧与朱丽叶》，音乐会序曲《1812年序曲》等。

二　气候状况

1　气候条件

俄罗斯国土面积广阔，气候复杂多样，处于多种气候带。由北往南从北寒带到亚热带，从西北端的海洋气候到西伯利亚的大陆性气候再到远东的信风气候。但大多数地区属温带和亚寒带大陆性气候。冬季漫长严寒，夏季短促凉爽，春秋季节甚短。上扬斯克和奥伊米亚康两地的极端最低气温曾分别达 –70℃ 和 –71℃，成为北半球的"寒极"，7月平均气温从北向南逐渐升高，里海沿岸低地可超过 25℃。1月莫斯科的气温低于 –20℃ 是很平常的事，而西伯利亚的冬天更冷且全年气温温差较大：1月平均气温为 –50 ~ –1℃，7月平均气温为 1 ~ 25℃。

俄罗斯的年平均降水量为 530 毫米，山区的降水量相对较多，平原降水较少。北高加索地区的降水量居全国首位，达 2500 毫米。从俄罗斯平原到东西伯利亚，年降水量从 500 ~ 700 毫米降到 200 ~ 300 毫米。平原的中部地带，以北纬 60° 附近降水量为最大，往南降水量逐渐递减。冬季，俄罗斯全境普遍降雪，积雪期和积雪的厚度随纬度的不同而变化。在西伯利亚苔原北部，全年有 260 天积雪。

2　常见自然灾害

俄罗斯气候的多样性对经济发展产生重大影响。东西及南北间的气候条件的差异十分明显。除了东欧平原的中部地区冬夏气温比较适中外，其他地区大多冬季漫长而寒冷，夏季温暖而少雨，缺乏农作物生长所需的必要湿度和温度。尤其是处于苔原与森林苔原中的多年冻土面积很大。多年冻土能使土壤温度降低，因而限制了一系列作物的栽培。在冻土上进行工程建设时，必须考虑到冻土有可能冻胀和出现沉陷。冻土解冻后，会沿山坡倾塌，在道路、桥梁等上面形成冰锥。

3　主要环境污染

苏联时期，重视工业生产而不顾及环境问题，给俄罗斯留下了严重的大气污染和放射性污染等环境问题。除此之外，苏联还给俄罗斯留下了高度依赖能源的军工企业。虽然随着独立，许多工厂和重工业部门在经济萧条期被关闭了，但俄罗斯的经济仍然特别依赖采掘业。俄罗斯向市场经济过渡意味着俄政府促进经济增长而忽视环境保护。环境问题对于今天的俄罗斯比对于10年前的俄罗斯更为重要。俄罗斯独立后通过了《环境保护法》和《生态专家评论法》，禁止对环境有潜在危险的项目投资上马（但《环境保护法》允许公司排放"有害物"，其前提条件是公司必须定期按排放污染物的种类和排放量付费）。另外，俄罗斯的经济问题使得环境污染问题难以得到解决。主要污染包括空气污染、石油和天然气污染、放射性污染和废料等。

三　文化国情

1　民族、宗教文化

俄罗斯是多民族国家，有 160 多个民族，其中绝大多数为生活区域较为固定的少数民族，只有 7 个民族的人口超过 100 万人。鞑靼人是俄罗斯人口数量第二多的民族，生活在伏尔加河流域，鞑靼人和巴什基尔人组成了俄罗斯最大的穆斯林族群，其人口大多生活在俄罗斯中部；楚瓦什人属于突厥人，约有 200 万人；在西伯利亚生活着阿尔泰人、哈卡斯人、雅库特人；在高加索生活着阿布哈兹－阿第盖人族群——卡巴尔达人、阿第盖人、切尔斯克人，以及达吉斯坦族群——车臣人、印古什人、阿瓦尔人、列兹根人；奥塞梯人属于伊朗族群。在俄罗斯还居住着芬兰－乌戈尔语系族群，包括俄罗斯北欧部分的芬兰人、卡累利阿人、萨阿米人和科米人，以及在伏尔加河流域居住的马里人和莫尔多瓦人。在西西伯利亚居住着汉蒂人和曼西人，在东西伯利亚居住着埃文基人，在楚科奇半岛居住着以驯鹿和渔猎为生的楚科奇人，在西伯利亚生活的布里亚特人和在里海沿岸生活的卡尔梅克人属于蒙古族人。除主体民族俄罗斯族人外，每个民族自治实体内部还有众多少数民族。西伯利亚、北高加索、远东地区为少数民族集中地区，其中高加索地区的民族成分最为复杂，大约有 40 个民族生活在这一地区，使用上百种语言，有的少数民族的人口仅为几百人。以达吉斯坦共和国为例，在它境内就聚集了几十个高加索的民族，这里有不同的语言、方言和宗教，成为少数民族的高密集区，也是民族关系最复杂的地区。

俄罗斯联邦境内共有 10 余种宗教，主要有基督教（包括东正教、天主教、新教三大教派）、伊斯兰教、佛教、犹太教、萨满教等。大多数俄罗斯人信奉东正教，教徒约有 7000 万人，遍及全国，约占全国人口一半左右。主要是俄罗斯人、乌克兰人、白俄罗斯人，北部的卡累利阿人、萨阿姆人、科米人，伏尔加河中下游的莫尔多瓦人、马里人、乌德穆尔特人、楚科奇人等。部分俄罗斯人信奉伊斯兰教，还有少数俄罗斯人信奉天主教、犹太教等。

2 风俗禁忌

俄罗斯民族历史悠久，文化源远流长、绚丽多姿，俄罗斯民族的民间习俗具有鲜明的特色。俄罗斯的民俗简单地反映在人们日常的衣、食、住、行上，反映在人们习以为常的礼仪、生活喜好及忌讳上。

（1）服饰

俄罗斯民族服饰自古以来已发生了不小的变化，但一些基本的特色一直保留了下来，成为有别于其他民族和国家的俄罗斯民间服饰。俄罗斯传统的服装简朴、单一，典型的民族服装是男子穿领子扣在侧面的粗麻衬衫、瘦腿裤、粗呢子上衣，用细腰带或彩色带子系扎腰部，罩长外衣。冬天穿无面的皮袄、

俄罗斯女子的传统服饰
图片提供：达志影像

羊皮短大衣、皮靴，戴呢帽或毛皮帽。女子穿刺绣的褶领、镶肩的粗麻布衬衫、毛织裙子或名为"萨拉范"的无袖长衣、粗呢上衣。冬天穿羊皮外套、皮靴，戴皮帽或尖顶帽。

头饰是俄罗斯妇女的重要装束。已婚妇女隐藏头发，未婚姑娘头发外露。未婚姑娘一般留长散发或扎成辫子，头发以绣花彩带装饰，如木制或皮制发箍。已婚妇女的头巾以麻布或丝绸制作，多为白色或红色，一般是三角形。妇女佩戴的首饰多为珍珠、琥珀、白银等制作而成的项链、耳环、串珠、胸针等。

现在俄罗斯的服装，男子多为西服、呢帽、礼帽，冬天戴皮帽，穿皮靴或皮毡靴。女子穿连衣裙、西服套裙、高跟鞋，冬天戴呢帽或皮帽，夏天系花头巾。按照传统，俄罗斯妇女无论是在盛夏还是严冬都着裙装,然而随着时代的变化,许多年轻妇女也爱穿长裤,特别是牛仔裤。

(2) 饮食

俄罗斯的膳食主要以炖、煮、炸、烤为主,同样有自己的特色。一般说来,传统的俄罗斯膳食比较简朴、单一。除了传统的俄罗斯菜外,还吸收了其他民族,特别是苏联各民族的风味菜肴。按俄罗斯人的习惯,午餐和晚餐通常有三道菜。头道、二道为主菜。头道菜是热汤类。二道菜一般是肉、鱼、禽、蛋制品及蔬菜。三道菜通常是水果、甜食或饮料。在吃头道菜前还可以有冷盘。主食面包(多为面包切片)多在上头道菜时食用。在吃二道菜时还有现叫的菜。

俄罗斯人的饮食主要有面包、肉类、奶类食品和部分蔬菜。主食为白面包和黑面包(用黑麦面粉制成)。肉食为猪肉、牛肉、羊肉、禽类及其制成品——香肠、罐头食品等。在俄罗斯人的饮食中奶类、乳类制品占有重要位置,牛奶、奶渣、鲜奶油、酸奶油、奶酪、黄油等一应俱全。而蔬菜的品种主要有圆白菜、土豆、西红柿、葱头、黄瓜、西葫芦、各种豆类、蘑菇等。

俄式菜中鱼及鱼类食品占重要地位。俄罗斯渔产丰富,种类很多。鱼的烹制有多种方式:鲜鱼、干鱼、风干鱼、咸鱼、熏鱼、炸鱼等。俄罗斯人也有吃生鱼片的习惯。鱼子酱是俄罗斯人引以为自豪的一种珍贵美肴,有黑鱼子酱和红鱼子酱之分,黑鱼子酱价格昂贵,营养丰富,有"黑色黄金"之美誉,从苏联时期起就一直是出口创汇的重要产品。

俄罗斯人大都喜欢在饭菜中加各种香料和调味品，主要有洋葱、大蒜、辣椒、芥末、白醋等。

俄罗斯人常饮用的饮料有蜂蜜、格瓦斯、野果汁等。俄罗斯人从10世纪起就加工制造、饮用格瓦斯，这是一种用各种粮食或萝卜和西瓜制作的饮料，有许多不同的品种。

俄罗斯人爱喝酒是世界闻名的，而在酒类当中最重要的当数伏特加，它出现于14世纪末。俄罗斯人聚会喝酒时常常要说祝酒词，赞美生活、爱情、友谊，祝福亲友、家人等。伏特加酒用黑麦、小麦、大麦酿制，其品牌很多，其中最有名的是"斯米尔诺夫"伏特加酒，该品牌始创于1860年。伏特加酒的酒精浓度均为40度。其他烈性酒还有白兰地、威士忌等。其他酒类如葡萄酒、啤酒也很受大众欢迎。在俄罗斯市场上，最常见的葡萄酒是高加索地区产的，特别是格鲁吉亚产的。

俄罗斯人有喝茶的习惯，主要饮用红茶。俄罗斯人饮茶时总要配一些食物，主要是甜点，如饼干、点心、果酱、糖果。许多人将这种饮茶方式作为工作午餐。俄罗斯人传统的饮茶方式离不开茶炊，这是一种有些像中国火锅的物品，只是它是封闭式的。传统的茶炊也是烧炭的，现在已为电热式的所取代。图拉市产的茶炊尤为出名，工艺茶炊可以作为家庭装饰品或馈赠亲友。

（3）居住

俄罗斯地广人稀，居住条件比较优越。传统的民宅为木结构，或是直接用圆木搭成，或是用木板盖成，多带有阁楼，有门廊、地窖。这种传统建筑现在多见于乡间别墅。城市居民除有较为宽裕的单元住房外，大多还拥有郊外私人住宅——别墅。城市住房一般配备良好的基础设施，冷、热水全天候供应，电力、煤气或天然气充足。城市绿化也很好，居民区楼距很大，中间有大片的绿地。郊外的住宅不仅为居民提供了假日休闲的良好去处，而且住宅的周围有一块面积较大的园地可以种植蔬菜，所以在一定程度上还可弥补漫长冬季城市蔬菜供应的不足。

（4）礼仪

俄罗斯是一个注重礼仪的国度，每逢重要节日、重要活动、聚会，欣赏芭蕾舞、听音乐会、参观博物馆都要着正式装束：男子穿西装、系领带，女子一般穿礼服裙装，并认真化妆。就是出入赌场都必须着装整洁，一般也要西装革履，穿牛仔裤、旅游鞋者不得入内。

"面包和盐"是迎接尊贵客人、向客人表示最高的敬意和最热烈的欢迎仪式。由年轻姑娘行礼并递给来宾一块圆面包，面包上面放着一个小盐缸。有时，人们把面包直接放在盘子上。盘子上面经常放一块带有精制刺绣的手巾，手巾的四个角垂在盘子下面。通常，客人躬身接过面包，然后把它交给随行人员，但是，传统的礼节要求来宾吻一下面包，然后掰下一小块，撒上一点盐，品尝一下并表示感谢。

在俄罗斯拥抱亲吻比较普遍，亲友见面常常拥抱亲吻。妇女之间好友相遇时拥抱亲吻，而男人间则互相拥抱，男女之间较亲密的亲友相互亲吻面颊。在比较隆重的场合，男人弯腰吻妇女的左手背，以表尊重。长辈吻晚辈的面颊三次，通常从左到右，再到左，以表疼爱。晚辈对长辈表示尊重时，一般吻两次。亲兄弟姐妹久别重逢或分别时，拥抱亲吻。

当俄罗斯人搬进新居的时候，第一个跨过新房门槛的既不是家里的年长者，也不是丈夫或妻子，而是猫！一种说法是让猫先抓新房里的老鼠。另一种传说则来源于迷信和巫术，即古罗斯人把保护房子和家庭的职能托付给猫，让猫去对付藏在新房里的魔鬼。

在日常生活中，俄罗斯人也有一些忌讳。与大多数基督教文化传统的国家一样，俄罗斯人，特别是东正教徒也忌讳"13"这个数字，认为它是凶险和死亡的象征。相反，认为"7"意味着幸福和成功。俄罗斯人喜欢猫、狗等动物，但许多人不喜欢黑猫，认为它不会带来好运气。遇见熟人不能伸出左手去握手问好。迎送客人不能一人在门内一人在门外隔着门槛握手，隔着门槛握手被视为绝交。

（5）婚葬习俗

现在俄罗斯人的婚礼要比传统的婚礼简单一些，新娘身着白色婚纱，手持鲜花，新郎身着礼服，由亲友、伴娘、伴郎相伴去教堂举行结婚仪式，许多新人还遵循苏联时期的传统在亲友的陪伴下一起来到无名烈士纪念墓前向英烈献花。婚礼的高潮是喜宴。围绕着长长的餐桌，新郎新娘居上座，左右两边分别是好友、同事，面对新人在餐桌另一端坐的是双方的父母。婚礼上有一些忌讳，如举行婚礼时新郎新娘不应相互对视，以此预示婚后生活和睦；新娘的头冠不能在婚礼上掉下来；婚礼上戒指落地意味着日子不好过；婚礼后，新婚夫妇不应该从原路返回；等等。此外，俄罗斯人忌讳在5月举行婚礼，因为俄语中的5月使人联想到经受折磨。

俄罗斯人在举行葬礼时要把死者脚朝前抬出屋（或从后门、窗户抬出），运往墓地。棺材里放入面包、盐、水等生活必需品。俄罗斯人还有哭丧的风俗，过去曾有专业哭丧人。葬后举行祭亡灵的仪式。这种仪式一般在人死亡后的第9天、第40天和周年举行。以后春秋各扫墓一次。

特别提示：送花的礼仪

★ 任何时候赠送鲜花都令人高兴，时逢各种值得庆贺的日子、生日、纪念日等，人们更喜欢赠送鲜花表示祝贺。送花是有一定的象征意义的，如婚礼上一般向新娘赠送白色或娇嫩的粉红色鲜花。人们认为白色花束象征纯洁，红色鲜花象征爱情和赞美。在俄罗斯人看来，黄色则意味着感情上的变节和背叛，而忌讳送黄色花束。送花不能送纸花或绢花等工艺花，而要送鲜花。赠送的花束中的花必须是奇数，在俄罗斯习俗中单数表示吉祥和幸福，而双数的花束只能送献故去的人。

俄罗斯
RUSSIA

第二篇
政治环境

俄罗斯
RUSSIA

一　国家体制

1　国体、元首及国家标识

（1）国体

苏联剧变和解体过程中，俄罗斯联邦的社会政治制度发生了变化，其标志是作为工人阶级先锋队的共产党丧失了国家领导权，马克思列宁主义、科学共产主义不再是指导社会发展的思想理论基础，建设共产主义也不再是国家的奋斗目标。与此同时，生产资料社会主义所有制发生了根本性的变化，不再是国家的经济基础。显而易见，俄罗斯已经不是"社会主义全民国家"，它依然处于变化之中，社会政治制度仍然是一种过渡性质的制度。

（2）国家元首与政府首脑

根据《俄罗斯联邦宪法》，"俄罗斯联邦总统是国家元首"（第80条第1款），是"俄罗斯联邦宪法、人和公民的权利与自由的保障"（第80条第2款），是"俄罗斯联邦武装力量最高统帅"（第87条第1款）。"俄罗斯联邦总统不受侵犯"（第91条），总统任期四年，总统连任不得超过两届。

苏联解体前，1990年6月12日，俄罗斯第一次人民代表大会通过"国家主权宣言"，随后组成俄罗斯政府，6月15日И.西拉耶夫（И.Силаев）被任命为俄罗斯苏维埃联邦社会主义共和国部长会议主席。仅仅过了一年三个月，1991年9月

20日俄罗斯苏维埃联邦社会主义共和国最高苏维埃通过对西拉耶夫政府反危机措施工作不满意的决议，并责成叶利钦总统提出新政府组成和制定行动纲领；同年9月26日西拉耶夫在部长会议主席职位上退休。此后至1992年12月4日，俄罗斯联邦政府中只有副总理，1992年6月15日叶利钦总统曾任命E.盖达尔为代总理，由于叶利钦总统知道对盖达尔的总理提名不会被最高苏维埃批准，所以直到下一任总理上任前，政府只有代总理。

此后，俄罗斯历任政府总理是：

切尔诺梅尔金（任期1992年12月14日至1998年3月23日）；

基里延科（任期1998年4月24日至1998年8月23日）；

普里马科夫（任期1998年9月11日至1999年5月12日）；

斯捷帕申（任期1999年5月19日至1999年8月9日）。

1999年8月17日普京被任命为俄罗斯政府总理，同年12月31日俄罗斯总统叶利钦辞去总统职务，由总理普京任俄罗斯代总统。2000年5月7日普京正式就任俄罗斯联邦总统。同日，普京提名M.卡西亚诺夫为俄罗斯代总理。2000年5月17日俄罗斯国家杜马表决批准卡西亚诺夫为政府总理。

2004年2月24日，普京总统签署命令宣布解散卡西亚诺夫任总理的俄罗斯政府，任命副总理赫里斯坚科为代总理。3月1日普京总统提名俄罗斯驻欧盟全权代表米哈伊尔·弗拉德科夫为总理，3月5日国家杜马以352票赞成、58票反对和24票弃权的表决结果通过了普京总统对弗拉德科夫的总理提名。

　　2007年9月12日，普京总统接受了以弗拉德科夫总理为首的政府提出的辞呈，随后签署总统令解散政府，并于当天提名金融监管局局长祖布科夫为总理候选人。9月14日，国家杜马在全体会议上以381票赞成、47票反对和8票弃权的表决结果通过了祖布科夫出任新政府总理的提名。

　　2008年5月8日，新任俄罗斯总统梅德韦杰夫提名普京为政府总理，当日中午，俄罗斯国家杜马全体会议以392票赞成、56票反对和0票弃权的表决结果最终通过了梅德韦杰夫总统对普京的总理候选人提名。随后，梅德韦杰夫总统迅速签署

俄罗斯总统普京
图片提供：达志影像

总统令，任命普京为俄罗斯新一届政府总理。

2012 年，普京第三次当选总统，于 5 月 7 日就职。梅德韦杰夫任总理。

（3）国歌、国旗、国徽

国歌、国旗、国徽这些国家标志反映着一个独立国家的国体、民族意志和理想。苏联解体前的 1990 年 6 月 12 日，作为苏联 15 个加盟共和国之一的俄罗斯苏维埃联邦社会主义共和国在其第一次人民代表大会上通过了《俄罗斯苏维埃联邦社会主义共和国国家主权宣言》，从这时起，作为政治斗争的一部分，开始了围绕着新的国歌、国旗、国徽问题的长达十年的争论。

1990 年 10 月苏联人民演员尤·杰米尔卡诺夫领导的列宁格勒模范交响乐团演奏了俄罗斯"新国歌"：其曲调取自米·伊·格林卡的歌剧《伊万·苏萨宁》中的一段旋律，由苏联人民演员安·彼得罗夫改编供交响乐队和合唱队演出。此后，1993 年 11 月 30 日，俄罗斯总统叶利钦发布总统令，以此曲作为国歌，但该"国歌"一直没有歌词，曾经征集过歌词。

俄罗斯国旗　　　　　　俄罗斯国徽

俄罗斯以白蓝红三色旗作为国旗。国旗呈横长方形，长与宽之比为3∶2。旗面由三个平行且相等的横长方形相连而成，自上而下分别为白、蓝、红三色。白、蓝、红被称为泛斯拉夫颜色，白色象征真理，蓝色象征忠诚和纯洁，红色象征美好和勇敢。

1993年11月30日的总统令还决定采用"十月革命"前伊凡雷帝时代以双头鹰为图案的国徽：红色盾面上有一只金色的双头鹰，双头鹰象征权威、力量和统一。它是14世纪末伊凡三世从拜占庭引进的，当时是以此象征俄罗斯对拜占庭的继承权。以后，双头鹰成为俄罗斯欧、亚两部分合二为一的徽记。鹰头上是彼得大帝的三顶皇冠——表示阿斯特拉罕、喀山和西伯利亚三个汗国归属俄罗斯，两个鹰爪，一个握着权杖，象征皇权和国家主权；另一个抓着金球，象征着国家完整、统一。鹰的胸前佩戴一个小盾形徽章，上面是一名骑一匹白马的骑士手持长矛制伏恶龙（毒蛇）的图案。马上的骑士是圣徒乔治，恶龙象征敌人。这一国徽是在彼得大帝时期形成并一直使用到1917年2月沙皇专制制度被推翻时为止。

在整个叶利钦时期，关于国歌、国旗、国徽问题的争论一直没有停止。根据有关法律，俄罗斯国家标志必须得到法律的批准，1993年11月30日以总统令形式确定的国家标志必须完成法律手续。为此，叶利钦总统1998年1月向国家杜马提交了有关国家标志的法律草案，但该草案1月27日被国家杜马否决。而主要争议集中在国歌问题上。

直到普京任俄罗斯总统后的2000年12月8日，国家杜马通过了普京总统提出的有关俄罗斯国歌、国徽、国旗和军旗的四个联邦法律草案。俄罗斯终于有了正式的国家标志。俄罗斯联邦国旗由2000年12月25日颁布的俄罗斯联邦第一号宪法性法律《俄罗斯联邦国旗法》确定；俄罗斯联邦国徽由2000年12月25日颁布的俄罗斯联邦第二号宪法性法律《俄罗斯联邦国徽法》确定；俄罗斯联邦国歌由2000年12月25日颁布的俄联邦第三号宪法性法律《俄罗斯联邦国歌法》确定。2000年12月25日俄罗斯联邦总统普京颁布《关于俄罗斯联邦国歌歌词》的第2110号总统令，确定了俄罗斯联邦国歌歌词。俄罗斯联邦国歌乐曲由俄罗斯联邦总统乐团艺术指导兼总指挥、俄罗斯联邦人民演员、作曲家帕维尔·奥夫相尼科夫编曲，C.米哈尔科夫作词。

2 宪法概述

俄罗斯联邦从1917年十月社会主义革命胜利到苏联解体为止，其间共制定了四部宪法，即1918年苏俄宪法，1925年、1937年和1978年的俄罗斯苏维埃联邦社会主义共和国宪法。其中1918年宪法并非一部完整的宪法，它真正的历史意义在于以法律的形式确定了"十月革命"的成果——建立了苏维埃无产阶级专政的社会主义国家，宣布了苏维埃政权建设社会主义的基本任务和目标。后三部宪法是俄罗斯联邦在苏联时期作为苏联的一个加盟共和国而制定的宪法。这三部宪法在内容和形式上与1924年、1936年和1977年的苏联宪法没有太大的区别，是同时期苏联宪法的翻版。

在苏联剧变和解体过程中，俄罗斯发生了根本性的变化。为适应这一系列的变化，掌握俄罗斯国家政权的民主派由于当时忙于同掌握着苏联联盟国家政权的苏共争夺领导权，未能及时制定和通过新的宪法，而是于1989年10月，1990年5月、6月、12月，1991年3月、11月，1992年4月多次对1978年通过生效的《俄罗斯苏维埃联邦社会主义共和国宪法》进行修改补充。为了制定新宪法，1990年6月召开的俄罗斯第一次人民代表大会上成立了以叶利钦为主席的宪法委员会，1991年11月公布了由宪法委员会提出的新宪法草案。但是，总统和议会在国家政体，即建立总统制还是议会制，以及私有化等一系列原则性问题上存在分歧，新宪法一直未能通过。

1993年12月12日，俄罗斯在举行国家杜马选举的同时，对宪法草案进行全民投票，全国共有58187755名选民，即54.8%的登记选民参加了全民投票。其中赞成新宪法草案的选民共32937630人，占参加投票选民的58.4%；反对的选民共23431333人，占参加投票选民的41.6%，新宪法草案获得通过。

1993年12月12日经全民投票通过、12月25日正式生效的《俄罗斯联邦宪法》是俄罗斯独立后的第一部宪法。宪法分正文和结束语两部分。正文部分共9章137条，结束语部分共9条。宪法规定，俄罗斯联邦是共和制的民主联邦制国家，实行三权分立原则和总统制。《俄罗斯联邦宪法》以国家根本大法的形式将政治斗争胜利者的成果固定下来。即经过前一阶段的较量，通过全民投票，政治舞台上占主导地位的政治力量的意志转化为国家意志。

3 重要节日

俄罗斯联邦成立后，出现了与建国有关的一些新节日。过去的节日依然保留着，但其中一些已经更名。作为假日的唯一宗教节日是圣诞节。在俄罗斯还庆祝许多行业性节日，但是不放假。1月1～2日——新年；1月7日——东正教圣诞节；2月23日——祖国保卫者日；3月8日——国际劳动妇女节；5月1～2日——春节和劳动节；5月9日——胜利日；6月12日——俄罗斯日（国庆节）；11月7日——和谐和解日；12月12日——俄罗斯联邦宪法日（国家庆祝日）。

2004年12月24日国家杜马通过、12月27日联邦委员会赞同、12月30日普京总统签署《关于修改俄罗斯联邦劳动法典第112条》的联邦法律，对法定放假节日进行了调整，其中最突出的是取消了11月7日"和谐和解日"（原"十月革命节"）、12月12日"俄罗斯联邦宪法日"，增加了一个新的节日——11月4日"人民团结日"。该联邦法律2005年1月1日起生效，根据该法律，俄罗斯作为假日的节日有：1月1～5日——新年假期；1月7日——圣诞节；2月23日——祖国保卫者日；3月8日——国际劳动妇女节；5月1日——春节和劳动节；5月9日——胜利日；6月12日——俄罗斯日；11月4日——人民团结日。

俄罗斯的民间节日更多，这些节日有的与古老的农耕等生产活动有关，有的与宗教相关。由于是多民族国家，而且地域辽阔，俄罗斯联邦少数民族也有自己的民族节日，甚至不同地区的居民也有一些颇具地方特色的节日。

俄罗斯主要民间节日包括东正教最重要的 12 个节日：

1 月 7 日——圣诞节；

1 月 19 日——主显节（主领洗节）；

2 月 15 日——献主节；

4 月 7 日——圣母领报节；

复活节前一周——主进圣城节（即复活节前礼拜日）；

复活节后第 40 天——主升天节；

复活节后第 50 天——三位一体节；

8 月 19 日——主显圣容节；

8 月 28 日——圣母安息节；

9 月 21 日——圣母圣诞节；

9 月 27 日——举荣圣架节；

12 月 4 日——圣母进堂节。

这些节日大都来源于古代民间的一些与季节变化以及与农业耕作有关的风俗及仪式，后演化为宗教节日。

圣诞节是俄罗斯人最重大的节日之一。东正教圣诞节节期从 1 月 7 日至 1 月 19 日共 12 天，是基督教纪念传说中耶稣降生及受洗的日子。圣诞节节期与民间庆祝新年的活动时间相符。圣诞节前夕教徒和非教徒按习惯都要吃圣诞鹅。人们把苹果、面包、过油的葱头填入宰好的鹅腹内，加入各种作料，烧熟后食用。12月24～25日的夜间是圣诞节前夜。圣诞节期间，全俄罗斯普遍流行青年和儿童走家串户访亲拜友的风俗。每个家庭都做好准备迎接前来唱圣歌的来访者，并热情款待他们。青年人还常聚在农村的木屋里唱歌、跳舞、听故事、猜谜语，进行占卜活动。圣诞节期间的娱乐活动至主显节结束。

一年中最欢乐、最热闹的节日是谢肉节（也称为狂饮周），此节日在复活节前7周庆祝，即在2月底3月初。这个节日具有双重含义，既欢送冬天，又迎接春暖花开。谢肉节为期7天，每一天都有特定名称和一定的喜庆活动：星期一为"迎接"，星期二为"喜庆开始"，星期三为"美食日"或"狂饮"，星期四为"寻开心"，星期五为"岳母夜"，星期六为"大姑、小姑聚会日"，星期日为"宽恕日"。

在谢肉节为期一周狂欢、娱乐之后便开始为期7周的大斋戒，其间不杀生，不吃荤。

另一重要节日是复活节，它是基督教和犹太教的春季节日。在基督教中，它是纪念耶稣"复活"的节日，而在犹太教中则是庆祝犹太人走出埃及。复活节的庆祝活动在每年春分月圆后及3月满月后第一个星期日举行，一般在旧历3月22日至25日间。此节日也举行各种娱乐活动及访亲拜友。按照俄罗斯的习惯，复活节这天人们见面时互相祝贺基督复活，互吻三次表示祝贺，并互相交换彩蛋，吃彩蛋和圆柱形鸡蛋面包。人们有时也赠送作为工艺品的木制的彩蛋。还有人玩击蛋的游戏：两人各持一彩蛋，滚彩蛋，使之相碰，碎者为输，需把碎蛋给对方。复活节时破例允许所有人去教堂随意打钟，所以这时到处都可以听到教堂的钟声。

在1月6日（公历1月19日）的主显节（主领洗节）这天，基督教徒往往举行基督教入教仪式，人们除去教堂祈祷外，还要到江河里破冰取"圣水"，健康的人还要跳到冰窟里洗一洗。18日晚按风俗习惯是占卜，特别是女孩子占卜自己终身大事的时间。这种风俗一直延续到现在。

以利亚节为每年的俄历7月20日。在俄罗斯人接受基督教以前，这一天曾是多神教的太阳神兼雷神比伦的节日。后来基督教会曾企图废止这一节日，未获成功，只得找了耶稣的一位门徒以利亚来代替比伦，故称以利亚节。民间认为，这一天是秋天的开始。

俄罗斯联邦的其他少数民族也有自己的节日，除了鞑靼斯坦、高加索等地区信奉伊斯兰教的穆斯林、西伯利亚和远东地区信奉佛教的东方民族、俄罗斯的犹太人等不同民族均有各自的宗教节日、斋戒日等外，许多民族地区还有一些自己独特的民间节日。例如，达吉斯坦库巴奇地区的水节，亦称"四十名少女节"，是夏至后40天的节日，是小伙子们选择未婚妻的时候；西伯利亚的布里亚特人也有自己的节日——"苏哈尔班节"，擅长放牧和狩猎的布里亚特人在这一节日里的主要活动是举行射箭比赛，在当地语言中苏哈尔班这个词就是射箭的意思；等等。

一些重大历史事件纪念日也是俄罗斯的盛大节日，而随着苏联解体和新俄罗斯的诞生，这样的节日也相应地发生了变化，一些节日被取消了，另一些则更名并被赋予新的含义。

苏联时期的最重要的节日——11月7日的"十月革命节"

先是被更名为"和谐和解日",之后又被取消。2月23日是苏联建军节和海军日,这一节日保留了下来,成为祖国保卫者日。而苏联时期的"宪法日"(10月7日)、12月30日苏联成立纪念日,包括2月22日列宁诞辰纪念日则不再是国家的节日和纪念日,只有一部分人特别是左派共产党人在这些日子里仍然举行纪念活动。

6月12日是俄罗斯日,即国庆节,它源于1990年6月12日作为苏联的一个加盟共和国俄罗斯苏维埃联邦社会主义共和国第一次人民代表大会通过的《俄罗斯苏维埃联邦社会主义共和国国家主权宣言》。12月12日是俄罗斯联邦宪法日,它源于1993年12月12日经全民公决通过生效的俄罗斯宪法。

此外,俄罗斯还有几十个与职业有关的节日,如工程兵节、地质学家日、律师日、医务工作者日、教师节等。

二 政治制度

1 政体

与国体相适应,俄罗斯的政体,即国家的政治体制,特别是国家最高权力机关也发生了变化。1993年《俄罗斯联邦宪法》通过、生效后,延续了70余年的苏共一党制的苏维埃议行合一体制被彻底废除,代之以总统权力为主导的多党制的三权分立政治体制。俄联邦的立法权、执行权和司法权分立,国家权力由联邦总统、联邦会议(联邦委员会和国家杜马)、联邦政府、联邦法院行使。联邦总统是俄罗斯国家元首和武装力量最高统帅,有权经国家杜马同意后任命联邦政府总理,主持联邦政府会议,做出联邦政府辞职的决定,向联邦委员会提出联邦宪法法院、最高法院、最高仲裁法院法官的人选以及联邦总检察长的人选,确定国家杜马的选举和解散国家杜马,等等。

由联邦委员会和国家杜马组成的联邦会议是俄罗斯联邦的代表与立法机关,联邦法律由联邦会议两院审议、通过。国家杜马可以通过对总统提出罢免的指控和对政府提出不信任案的方式实行对国家执行权力机关的监督。

俄罗斯联邦的执行权力由联邦政府行使,政府须向国家杜马提出联邦预算,保证其执行并向杜马报告联邦预算的执行情况。

俄罗斯联邦的司法权只由法院行使,而对现行法律的执行情况则由检察院独立进行检察。俄罗斯的司法体系由俄罗斯宪法和联邦法律确定，不允许建立特别法庭。法官是独立的，只服从俄罗斯宪法和联邦法律。法官权力的中止或暂停必须遵循联邦法律规定的程序和原则。法官不可侵犯，除非按照联邦法律规定的程序，否则不能追究法官的刑事责任。所有法庭公开审理案件，对案件的非公开审理在联邦法律规定的情况下允许旁听。在联邦法律规定的情况下，由陪审员参加诉讼程序。诉

俄罗斯首都莫斯科
图片提供：达志影像

讼程序在辩论和各方平等的基础上进行。法院的经费只能来自联邦预算，用以保障按照联邦法律充分而独立地进行审判。

2　政治中心

莫斯科一直是俄罗斯的政治中心，即使彼得大帝时定都圣彼得堡，莫斯科依然是政治中心。莫斯科围绕克里姆林宫来建城，现在的莫斯科也是一个环线绕着一个环线。克里姆林宫一直是俄罗斯各个时期国家首脑的办公场所，因此这里就具有了极强的象征意义。红场上有列宁墓和无名烈士墓，作为这个民族的一种纪念，让人能遐想苏联时代的光辉岁月。在莫斯科，莫斯科大学、乌克兰饭店等建筑风格独特，大底座、高尖顶，是斯大林时代留下的斯大林式建筑。

3　主要政党及政治人物

俄罗斯目前政局稳定，普京总统拥有崇高威望，牢牢控制着国家权力体系，国内已无强有力的反对派。俄罗斯以总统集权为特征的政治体制逐渐稳固，法律体系、政党体系逐步成熟，联邦权力机关之间、中央与地方之间、主要政党之间、高层精英之间形成了较为默契的关系。

俄罗斯实行多党制，各政党在法律面前一律平等。目前的主要政党有统一俄罗斯党、俄罗斯联邦共产党、公正俄罗斯党和俄罗斯自由民主党等。统一俄罗斯党是俄罗斯第一大党，成立于 2001 年，有 200 多万名党员；俄联邦共产党成立于 1990 年，是俄罗斯第二大党；公正俄罗斯党由俄罗斯生活党、祖国党和退休者党合并而成，成立于 2006 年；俄罗斯自由民主党成立于 1989 年，具有鲜明的民族主义色彩。统一俄罗斯党是政权党，公正俄罗斯党的目标是成为"务实的反对党"，实际上是普京政权的重要支持力量。俄联邦共产党、俄罗斯自由民主党等政党在很多治国理念上与政府相通，在时常批评政府的同时与政府保持着一定程度的默契，可被视为建设性的反对党。真正与政府水火不容的只有右翼事业党等力量弱小的党派，其在国内政治中已被边缘化，并且遭到政府的严格管控。普京总统不但拥有主要党派的支持，而且创建和领导着俄罗斯最大的超党派政治联盟——"人民战线——为了俄罗斯"。这为其巩固在政党体系中的绝对优势提供了重要保障。

俄罗斯民众经历了戈尔巴乔夫和叶利钦时代的社会动荡与经济衰退，普遍思稳求定，大多数人对目前的生活感到满意，认可普京总统的治国方略。

4 主要政治压力团体及首领

如果说 2011 ~ 2012 年选举周期发生的社会抗议浪潮反映了民众对选举不公与当下俄罗斯政治缺乏竞争的不满，那么在恢复了地方长官选举制度与放宽了政党登记制度以后，2012 ~ 2013 年两次地方选举的选举过程和选举结果，并没有对统俄党在地方权力体系中的统领地位造成威胁，反对派主导的、由城市中产阶级和知识分子参与的社会运动也渐渐失去了活力。尽管反对派领袖把赢得叶卡捷琳堡市市长和彼得罗扎沃茨克市市长选举看作对政权党的胜利，但他们也承认大多数反对派领袖的民意支持率还非常低。

随着普京顺利回归总统职位，2013年俄罗斯的政治形势也逐步趋向稳定，普京执政之初大规模的街头抗议活动明显减少，参加反对派组织的游行人数也大为减少。2013年6月组建了公民纲领党的反对派领袖米克哈伊·普罗霍罗夫，在领导该党参与了9月地方选举后，于9月16日突然宣布退出俄罗斯政坛。2012年10月成立的反对派协调委员会，由于各派领导人之间分歧严重，在成立仅一年后，于2013年10月19日也宣布停止活动。政府反对派的这些举动大大降低了他们在民众中的形象和影响力。而2011～2012年选举周期抗议行动中的主力——城市中产阶级和知识群体的政治热情，也随着时间的推移而正在逐渐消退。从某种意义上来说，俄罗斯的城市中产阶级和知识分子有其固有的脆弱性和局限性，虽然他们对俄罗斯的政治现状表示不满，但他们也不愿与政府发生激烈对抗，而引发社会动荡。

与此相对，从2012年下半年起，普京政府采取果断措施，迅速通过了一系列整顿社会秩序和打击反对派的政策和法律，其中包括设立诽谤罪，出台《非营利组织法》，对于网络和社会组织（尤其是接受国外资金的社会组织）进行严格的监管，威胁关闭"YouTube"网站，严格保护宗教观点，等等。莫斯科市长选举前对纳瓦尔尼的审判，以及2013年年底提前释放霍多尔科夫斯基,也被看作普京对政府反对派采取的一种软硬兼施、分化瓦解的策略。此外,为赢得民众的普遍支持,普京第三次就任总统以来,出台了一系列新的反腐措施,包括禁止国家公职人员拥有国外账户和外国有价证券,公职人员在国外拥有不动产必须进行申报等,这些举措增强了政府和政权党在民众中的公信力,客观上也提升了统俄党的社会支持率。

总的来看,普京 2012 年以来实行的制度改革,并没有使俄罗斯目前的政治生态出现大的改观。由于现政权对统俄党"制度扶持"的效应依然存在,反对派政党的活动空间受到了压制,大量小党参与政治生活的结果也出现了彼此相互削弱的现象,普京第三任期内统俄党"一党独大"的局面仍将难以从根本上打破。但是,目前统俄党对国家政治经济资源高度垄断的局面,也使俄罗斯面临着各种潜在社会矛盾再度爆发的危险。因而,能否在保持社会稳定发展的同时,真正满足社会不同阶层政治参与的需要,将是对普京政权维持其执政合法性与扩大社会基础的最大挑战。

特别提示:历史上的国家领导人

★ 列宁(1870.4.22 ~ 1924.1.21),原姓乌里扬诺夫,列宁是他的化名。著名的马克思主义者,无产阶级革命家、政治家、理论家、思想家。他是俄罗斯苏维埃联邦社会主义共和国(世界上第一个社会主义国家)和苏维埃社会主义共和国联盟的主要缔造者、布尔什维克党的创始人、"十月革命"的主要领导人、第一届苏维埃政府人民委员会主席（苏联总理）。列宁是他参加共产主义运动后的化名，他继承了马克思主义，并与俄国革命相结合形成列宁主义，被全世界的共产主义者普遍认同为"国际无产阶级革命的伟大导师和精神领袖"，同时他是20世纪最有影响力和评价最具争议的人物之一。

★ 斯大林（1879.12.21~1953.3.5），苏联政治家，苏联共产党中央委员会总书记、苏联部长会议主席（苏联总理）、苏联大元帅，是在苏联执政时间最长（1924~1953年）的最高领导人。对20世纪的苏联和世界影响深远。斯大林曾协助列宁领导"十月革命"，列宁逝世后担任苏联最高领导人。在任期间他提出了"在一个国家首先建立社会主义"的主张，放弃了列宁的新经济政策，全力进行社会主义工业化和农业集体化，使苏联成为重工业和军事大国，但同时也导致了乌克兰大饥荒。第二次世界大战中斯大林领导苏联红军，与盟军协力击败轴心国，取得了苏联卫国战争的胜利。战后他扶植了社会主义阵营，在"冷战"中与以美国为首的北约对峙。1953年3月5日因脑溢血病逝于莫斯科，享年74岁。

★ 戈尔巴乔夫（1931.3.2~），1985年3月任苏共中央总书记后，提出"加速战略""民主化""公开性""新思维""人类的利益高于一切"等口号，采取一系列积极行动缓和与西方的关系,为结束"冷战"做出了"贡献",并因此于1990年获诺贝尔和平奖。在1988年苏共第十九次全国代表会议上提出政治体制改革方案。在戈尔巴乔夫执政中后期,苏联社会陷入混乱,苏共丧失国家领导权,最终被迫自行瓦解,苏联解体。

★ 叶利钦(1931.2.1~2007.4.23),1991年12月25日苏联解体,苏联最大的加盟共和国苏维埃俄国独立后更改国名为俄罗斯联邦,叶利钦担任俄罗斯联邦的首任总统,执政时推动市场经济和民主制,采取的"休克疗法"让俄罗斯联邦经济濒临崩溃。在任总统期间曾四次访问中国。1999年12月31日辞职并推举普京作为接班人。2007年4月23日,因心脏病加重在莫斯科突然逝世,享年76岁。

三 行政结构

1 国家政府机关行政层级

根据《俄罗斯联邦宪法》，俄罗斯联邦的执行权力由联邦政府行使。

联邦政府由政府总理、政府副总理和联邦部长组成。其中，政府总理由总统任命并须征得国家杜马的同意。政府总理在就任后的一周内向总统提交联邦执行权力机关组成的建议，以及政府副总理和联邦部长人选。

政府总理依据俄罗斯联邦宪法、联邦法律和总统令确定政府活动的基本方针和组织政府的工作。

政府的职权包括：制定并向国家杜马提出联邦预算并保障其执行；向国家杜马报告联邦预算执行情况；保障在俄罗斯实行统一的金融、信贷和货币政策；保障俄罗斯联邦在文化、科学、教育、卫生、社会保障和生态领域实行统一的国家政策；管理联邦财产；实施保障国家防御、国家安全和贯彻俄罗斯联邦对外政策的措施；实施保障法制、联邦法律和俄罗斯联邦总统令所赋予的其他职权等。

政府有权颁布决议和命令，并保障其执行。政府的决议和命令在与联邦宪法、联邦法律和联邦总统令相抵触的情况下，总统可将其废除。

政府向新当选的总统卸任。政府可以提出辞职，由总统接受或拒绝。国家杜马可以对政府表示不信任。关于对政府表示不信任的决定应由国家杜马代表总数的多数票通过。在国家杜马对政府表示不信任后，总统有权宣布政府辞职或不同意国家杜马的决定。如国家杜马在 3 个月内重提对政府的不信任，则总统或宣布政府辞职，或解散国家杜马。

政府总理可以向国家杜马提出对联邦政府的信任问题。如果国家杜马拒绝提出信任，总统在 7 日内做出俄罗斯联邦政府辞职或者解散国家杜马和确定重新选举的决定。政府在辞职或卸任的情况下，可受总统的委托继续行使职权，直至新政府组成。

在普京于 2004 年 3 月 9 日宣布新政府组成并削减政府部门的数量之前，俄罗斯联邦政府下设机构分为联邦部、俄罗斯联邦的国家委员会、俄罗斯的联邦委员会、俄罗斯的联邦总局、俄罗斯署、俄罗斯的联邦监督局等。

联邦部包括：核能部，内务部，民防、紧急情况和消除自然灾害后果部，反垄断政策和支持企业家活动部，出版、无线电广播和大众传播媒体事务部，税收和收费部，卫生保健部，财产部，外交部，文化部，国防部，教育部，联邦和民族、移民政策部，自然资源部，工业、科学和工艺部，交通部，邮电和信息部，农业部，运输部，劳动和社会发展部，财政部，经济发展和贸易部，能源部，司法部。

俄罗斯联邦的国家委员会包括国家体育运动和旅游委员会、国家渔业委员会，国家标准化和计量委员会、国家统计委员会、国家建筑和住宅公用事业综合体委员会、国家海关委员会。

俄罗斯的联邦委员会包括联邦有价证券市场委员会、联邦能源委员会。

俄罗斯的联邦总局包括联邦对外情报总局、联邦档案总局、联邦大地测量和绘图总局、联邦铁道部队总局、联邦地籍总局、联邦水文气象和环境保护总局、联邦安全总局、联邦金融整顿和破产总局、联邦税务警察总局、联邦保卫总局、联邦边防总局、联邦专业建筑工程总局。

俄罗斯署包括航空航天署、联邦弹药署、联邦常规武器署、联邦管理制度署、造船署、专利和商标署、国家资源署。

俄罗斯的联邦监督局包括联邦矿山和工业监督局、联邦核安全和辐射安全监督局。

此外，俄罗斯联邦总统专门规划总局、俄罗斯联邦总统直属国家技术委员会、俄罗斯联邦总统事务局这三个机关也在联邦执行权力机关之列。

除联邦各部之外的其他各俄罗斯联邦的国家委员会、俄罗斯的联邦委员会、俄罗斯的联邦总局、俄罗斯署、俄罗斯的联邦监督局以及属总统领导的俄罗斯联邦总统专门规划总局、俄罗斯联邦总统直属国家技术委员会、俄罗斯联邦总统事务局是联邦政府所属的主管部门，它们就其管辖的问题实施跨部门管理，实施专门的执行、监督、批准和技术监督职能。各主管部门的领导人不是联邦政府的成员。

2　国家法律机关层级及职权范围

《俄罗斯联邦宪法》规定，俄罗斯境内的审判权只由法院行使，对现行法律的执行情况由检察院独立进行检察。俄罗斯的司法体系由俄罗斯宪法和联邦宪法确定，不允许建立特别法庭。法官是独立的，只服从俄罗斯宪法和联邦法律。法官不可撤职，法官权力的中止或暂停必须遵循联邦法律规定的程序和原则。法官不可侵犯，除非按照联邦法律规定的程序，否则不能追究法官的刑事责任。所有法庭公开审理案件，对案件的非公开审理在联邦法律规定的情况下允许旁听。在联邦法律规定的情况下，由陪审员参加诉讼程序。诉讼程序在辩论和各方平等的基础上进行。法院的经费只能来自联邦预算，应能保障按照联邦法律充分而独立地进行审判。

（1）俄罗斯宪法法院的职权范围

审理俄罗斯联邦总统、联邦中央和联邦主体各权力机关系统通过的法律文件、国际条约是否符合俄罗斯宪法以及它们之间有关职权范围的争议。俄罗斯宪法和俄罗斯宪法法院法对宪法法院的职权范围做出了具体规定。

（2）俄罗斯法院的职权

俄罗斯各级法院按照《俄罗斯联邦宪法》、共和国宪法、刑事和民事立法、劳动立法以及法院组织法，在各自管辖的范围内，对有关民事、刑事、行政以及其他案件进行审理。

（3）俄罗斯仲裁法院的职权

俄罗斯仲裁法院是解决经济争议和归仲裁法院审理的其他案件的审判机关。仲裁法院的基本任务是保护企业、机构组织和公民在企业经营和其他经济活动中被侵犯或有争议的权利和合法利益，在企业经营和其他经济活动领域中加强法治和预防违法现象。

四　外交关系

1　主要对外关系

俄罗斯是联合国安理会常任理事国，拥有较大的国际影响力，在国际事务中比较活跃。自1991年独立至今，俄罗斯外交经历了两大阶段：1991～1996年的亲西方外交阶段和1996～2014年的多极化大国外交阶段。俄罗斯外交关注的重点地区依次为独联体、欧洲－大西洋地区、美国、北冰洋地区、亚太地区、澳大利亚和新西兰、中东和北非地区、拉美和加勒比地区、非洲地区。

在亲西方外交阶段，俄罗斯对独联体国家重视不够，曾将其视为自己融入西方世界的累赘，采取过"甩包袱"政策。在多极化大国外交阶段，独联体成为俄罗斯对外战略的重点。俄罗斯希望与独联体国家开展全方位的合作，积极推进独联体地区的一体化进程。

俄罗斯将欧盟视为对外战略的重点和"现代化伙伴"，谋求与欧盟建立经济统一空间，自由、安全与司法统一空间，对外安全统一空间和科教、文化统一空间，并作为欧洲文明不可分割的有机组成部分，建立从大西洋到太平洋的统一经济和人文空间。俄罗斯对欧政策的基本原则是共同安全、平等合作和相互信任。2014年西方发动对俄制裁后，俄欧关系虽变得十分紧张，但只是临时性的，未来将在斗争与合作中逐步恢复正常，并在曲折中向前发展。

俄罗斯积极发展与美国的关系，认为两国在开展互利的贸易、投资、科技和其他合作方面潜力巨大，对维护全球战略稳定和国际安全具有特殊责任。然而，美国始终将俄罗斯视为战略对手，努力削弱俄罗斯重新崛起为世界强国的潜力，在反导、北约东扩等问题上给俄罗斯安全造成巨大威胁。俄美的经济相互依赖性不高，战略利益的矛盾却非常尖锐，因此，俄美关系短时期内将难以回暖，但不太可能重回"冷战"。

随着2008年世界金融危机后西方经济的持续低迷以及世界经济重心的东移，亚太地区在俄罗斯对外战略中的地位迅速上升。西方国家因乌克兰问题大规模制裁俄罗斯后，加强与中国等亚太国家的合作成为俄罗斯降低制裁损失的最重要途径。俄罗斯将深度参与亚太经济与远东大开发，在内政和外交方面出台了一系列战略举措。俄罗斯在亚太地区的重点是中国和印度，努力强化俄中印合作机制。俄罗斯与中国建立了全面战略协作伙伴关系，两国在国际事务中的合作以及在亚太地区经济、政治、安全领域的合作日益深入。俄罗斯的亚太政策讲求平衡性，在与中国加强关系的同时，注重与日本、韩国以及越南等东盟国家发展关系。俄罗斯与日本的关系发展较快，日本首相安倍晋三对发展俄日关系态度积极，在一定程度上改变了经济合作与领土谈判挂钩的做法，试图以经济和安全合作促进领土问题的解决。然而，俄日都没有在领土问题上做出实质性让步的意图，加之日本的对外政策难以摆脱美国的对外战略约束，在乌克兰危机后不得不追随美国对俄实施制裁，在其2014年版的《防卫白皮书》中首次抛出"俄罗斯威胁论",俄日关系因此难以得到实质性提升。俄罗斯积极加强与越南的战略伙伴关系,两国在军工、能源等领域的合作进展迅速。俄罗斯是世界大国,努力发展与世界各国的友好合作关系,与拉美、中东、非洲国家的关系得到稳定的发展,与伊朗、委内瑞拉等能源大国的关系发展顺利。

2 主要国际参与

与欧洲国家的关系是俄罗斯外交政策的传统优先方面。俄罗斯联邦把欧洲联盟看作自己的一个极为重要的政治和经济伙伴,并努力与它发展积极的和稳定的长期合作。

北约。与北约的关系是俄罗斯外交的重要活动内容,也是俄罗斯与西方集团矛盾的焦点之一。华约解散后,1991年12月北约与前华约成员成立了北大西洋合作理事会。1992年3月,俄罗斯参加该委员会。俄罗斯与北约关系某种程度的改善并未彻底消除双方的本质性矛盾,随着北约触角不断渗入独联体地区,俄罗斯与北约关系再度紧张起来。莫斯科重新在言语和行动上对北约施加压力,以阻止其把格鲁吉亚、乌克兰等国拉入围堵俄罗斯的阵营。2007年,俄罗斯军方宣称,形势要求对军事理论做出新的修改。其中一个重要的改变是把北约东扩视为俄国家安全当时面临的"现实威胁",以北约国家未批准《欧洲常规武装力量条约》修改协定为由,宣布停止履行该条约,并开始制造要退出《中导条约》、恢复中程导弹生产和部署的舆论。

关税联盟。1996年3月29日，俄罗斯、白俄罗斯、哈萨克斯坦和吉尔吉斯斯坦四国政府首脑签署关于建立关税联盟的协定。1997年10月22日，四国元首在莫斯科举行跨国委员会会议，决定成立四国自由贸易区和关税联盟，并实行统一的关税，并制定了进一步发展关税联盟的整套措施，协商了四国间接税计算和征收原则。俄罗斯把形成关税同盟看作建立经济联盟的第一步。

集体安全条约组织。俄罗斯和亚美尼亚在集体安全条约组织框架下组建联合军工企业，建立武器、装甲设备和飞机设备维修的联合企业中心，在通过的决议框架内，预计建成8～9个联合企业继续促进军工企业一体化。

上海合作组织。一方面，随着欧亚经济联盟的建设以及"丝绸之路经济带"的提出，俄罗斯国内出现一种声音，认为上合组织的主导国家——俄罗斯和中国对上合组织的战略兴趣降低。两国更关心自己的项目。俄罗斯关心的是欧亚经济联盟，中国着力打造"丝绸之路经济带"。两个项目会以某种形式破坏上合组织的发展。另一方面，俄罗斯国内也有一种观点，认为上合组织应该在当前的环境下更加积极进取，建立一些重大的突破性项目。

特别提示：普京外交的特点

★ 国内目标高于国外目标。这是普京外交基本的出发点。他强调:"我们对外政策的基础是务实、经济效益、国家利益至上。""我们今天在对外政策领域所做的一切都服从于一个主要任务,这就是为俄罗斯经济和我们社会的不断发展创造最为有利的条件。"

★ 为国内经济发展创造最佳外部环境,这是俄罗斯实现强国目标的前提条件。普京指出:"要优先考虑的任务是,在俄罗斯周围建立稳定的、安全的环境,建立能够让我们最大限度地集中力量和资源解决国家的社会经济发展任务的条件。"

★ 在周边地区建立睦邻带,或者力争减轻来自周边地区的威胁。这是俄罗斯在周边地区建立良好国际环境政策的直接体现,首先表现在确保在独联体的主导地位,维持俄罗斯的地缘政治空间优势。

★ 确保俄罗斯在世界安全结构中的突出地位。保障联合国体制下的集体安全结构,建立多极化的国际政治新秩序;健全俄罗斯在独联体、欧洲和亚太与他国共建的地区安全体系;确保与美国签订的有关战略稳定、裁军、武器控制和不扩散条约体系的有效性。

★ 扩大国际联系,积极参与地区事务,积极恢复和拓展俄罗斯与世界其他国家的联系。

★ 积极开展经济外交。寻求与其他国家、国际资本的经济合作,吸引外资。同时,为俄罗斯产品进入国际市场创造条件,力争在有利的条件下加入世界贸易组织。

★ 俄罗斯大力推进建立欧亚经济联盟，对中国发展"一带一路"战略有所顾虑。中国要注意"一带一路"投资项目与"欧亚经济联盟"的对接，消除俄疑虑。

俄罗斯
RUSSIA

第三篇
经济状况

俄罗斯
RUSSIA

一　能源资源

1　主要能源及分布

俄罗斯矿产资源种类繁多，储量丰富，自给程度高。天然气储量世界第一，可采量为28万亿立方米，占世界天然气总储量的32%和可开采量的30%。俄罗斯拥有世界1/2的石油储量，石油开采量居世界第二位，达世界总开采量的10%。俄罗斯拥有储量巨大的各种矿藏，煤炭、金刚石、铁、有色金属等矿藏的储量在世界名列前茅。其中，煤炭储量达5.3万亿吨，占世界总储量的30%，在世界排名第三；铁矿探明储量世界第一，占世界总储量的40%；黄金探明储量为5000吨，世界排名第三；金刚石储量居世界第三。俄罗斯还拥有世界64.5%的磷灰岩、40%的钾盐、27%的锡、21%的钴、16%的锌、14%的铀、12%的铅以及11%的铜。铁矿石主要分布在乌拉尔和西西伯利亚，商品铁矿石占世界的14%。非金属和稀有金属矿藏也极为丰富，铬矿、锰矿、钛矿，以及石棉、石墨、云母、菱镁矿、刚玉、冰洲石、宝石、金刚石的储量和产量都较大。钽、铌、稀土占世界储量的10%~15%。黄金储量名列世界前茅，产量列世界第五位。宝石和金刚石的主要产地在雅库特西部，储量居世界第一位。钾盐储量与加拿大并列世界首位，钾盐产地遍布全国各地。

俄罗斯内海和外海水域的大陆架和大陆坡都含有丰富的矿物资源，呈海滨小砂矿富集的矿物有锡、钛、锆石等。

俄罗斯尚未开发的地下矿产资源也十分丰富。西西伯利亚地区拥有大量的未开发的煤、铁矿石和天然气。乌拉尔山区散布着绿宝石、红宝石、孔雀石、祖母绿和黄金矿藏。雅库特地区钻石储量丰富。

2　主要资源及分布

俄罗斯的自然资源非常丰富。俄罗斯是世界森林覆盖面积最大的国家，森林面积达 871.2 平方公里，占国土面积的 51%。俄罗斯拥有世界上面积最大的黑土地，有 2.2 亿公顷农地和 1.25 亿公顷耕地，但将近一半的耕地没有得到有效利用。

俄罗斯的高等植物如显花植物及木贼纲、石松纲、真蕨纲植物有 2.5 万 ~ 3 万种。还有遍布在森林、沼泽和苔原中的苔藓植物。远东地区的植物最丰富，共有 1900 ~ 2000 种。西伯利亚和北极岛屿的植物区系最贫乏，为 100 ~ 150 种。除此之外，在俄罗斯还有大量的藻类、地衣类和真菌类植物。

俄罗斯的动物资源十分丰富，是世界上经济鱼类和狩猎动物资源最多的国家之一，动物资源超过 12 万种，许多动物都很有经济价值。这使得俄罗斯的渔业、狩猎业、捕猎海兽业等产业都较为发达，为国民经济发展做出了重要贡献。俄罗斯有近 70 种毛皮兽，主要有黑貂、松鼠、麝鼠、狐、北极狐，居次要地位的有鼹、松貂、白鼬、森林艾鼬、艾鼬、黄鼬、水貂、美洲水貂、水獭、棕熊、狼、貉、猞猁、兔、河狸、黄鼠。境内约有 100 种狩猎鸟类。主要游禽有各种雁属和鸭属（如长尾鸭、眼眶绒鸭、斑背潜鸭、针尾鸭、绿头鸭、绿翅鸭、白眉鸭、瑟嘴鸭、赤颈鸭）。鸡形目鸟类有雷鸟、苔原雷鸟、黑琴鸡、榛鸡、松鸡、细嘴松鸡和鹌鹑。淡水动物丰富，种类繁多（仅鱼类有27科，301种），约有250种鱼具有经济价值。

特别提示：俄罗斯五大跨国原油管道

★ 友谊原油管道

俄罗斯原油向欧洲出口主要是通过友谊管道系统。管道主干线从俄罗斯中部伏尔加河沿岸的萨马拉州向西延伸至白俄罗斯。在白俄罗斯的莫济廖夫市形成北部和南部支线，北部支线从白俄罗斯延伸至波兰和德国，南部支线从白俄罗斯经乌克兰延伸至斯洛伐克、捷克和匈牙利。

★ 中亚方向原油管道系统

该管道主要是向中亚地区的炼厂供应俄罗斯原油，管道起自俄罗斯鄂木斯克到达哈萨克斯坦的巴甫洛达尔炼厂，再通往奇姆肯特炼厂，最终到达土库曼斯坦的查尔朱炼厂。

★ 波罗的海管道运输系统

一期管道东起雅罗斯拉夫尔，西到波罗的海东部的普里莫尔斯克港。二期管道起自布良斯克州乌涅恰，到列宁格勒州的乌斯季-鲁加。

★ **东西伯利亚—太平洋原油管道**

　　管线西起伊尔库茨克州的泰舍特，东至俄罗斯太平洋沿岸的纳霍德卡地区科济米诺湾。

★ **里海财团管道（田吉兹—新罗西斯克管道）**

　　该管道连接哈萨克斯坦的田吉兹油田和俄罗斯的新罗西斯克港，通过黑海出口俄罗斯和哈萨克斯坦的原油。

二　基础设施

1　交通运输

交通运输是俄罗斯国民经济的重要部门之一，占国内生产总值的 9.3%。交通运输和邮电部门的职工达 525.3 万人，占国民经济各部门职工总人数的 7.9%。

俄罗斯交通运输的现状是，能够基本满足国内客货运输的需求，但个别运输方式发展滞后，区域交通运输发展不均衡。

2000 年以来，在 GDP 年均增长 6.1% 的情况下，货物运输年均增长 3.8%，旅客运输年均增长 6.7%。但各类运输工具承担的运输量明显不均衡。

货运。汽车货运量的增长速度最快，主要原因是新兴商品和服务市场所产生的货流增长较快。近年来，内河货运的增长速度也较快。

俄罗斯货物运输主要包括铁路、公路、海洋、内河、航空和管道运输等。铁路主要担负中长途运输运送大批量货物如煤炭、焦煤、石油、矿石、钢材、化肥、建筑材料、原木和粮食等；公路汽车运输方式主要承担小批量货物的中、短途运输；内河运输主要运送建筑材料、木材、石油和石油制品、粮食等；海洋运输主要为外贸服务；航空运输主要为边远地区和交通不便的地区运送生活必需品，为大型建筑工地运送机器设备；管道运输主要运送石油和天然气。

客运。近年来,客运市场结构变化较大,这主要是由运价变化引起的。它反映了各种运输工具之间客流变化与旅客支付能力之间的互动关系。城市客运量减少的原因之一,是私人汽车数量的增长较快。长途客运方面,在铁路客运量减少的同时,航空客运量在增长。

2　重要通信设施

20世纪90年代末以来,俄罗斯通信业发展较快。在收入方面,新兴通信企业也大大超过了传统通信企业。俄罗斯电信业在GDP中的比重不断上升,整个行业收入增长的速度超过GDP增长的速度。

俄罗斯移动电话迅猛发展,其增长的主要动力是该行业投资增长较快,尤其是农村和边远地区移动电话用户超前增长。

近年来,俄罗斯互联网发展势头迅猛,表现为网民和网站的数量增加,互联网深度介入民众生活,网络经济方兴未艾。

与此同时,俄罗斯的网站数量也不断增加。在俄罗斯,俄语网站或者俄罗斯网站被称为Рунет,截至2014年2月,以".ru"为域名的网站约为491.86万个,以".рф"和".su"为域名的网站分别为81.47万个和12万个,其中以".ru"为域名的网站数量为世界第六位。2012年6月至2013年6月,平均每天浏览Рунет的人数从2767.7万人增加到3057.4万人,增长了10.47%。Рунет使用者数量快速增长说明其影响力逐渐加大。虽然网络经济的体量较小,但较之低迷的传统经济领域则更具活力和发展前景。同时，我们可以看到更多的网民参与到网络经济之中，其方便、快捷、有效率的优势已被民众认同，网上消费、网上支付已经不再是年轻人的时尚。

目前，俄罗斯电子商务的发展处在起步阶段，仅在个别大城市（莫斯科、圣彼得堡等）零售业的电子商务粗具规模——有15%～20%的居民在利用电子商务。

特别提示：俄罗斯的主要运河

- ★ 白海—波罗的海运河，全长227公里，北起白海岸边的白海城，南至奥涅加湖畔，将白海至波罗的海的航程由5000公里缩短到1000公里。
- ★ 莫斯科运河，全长128公里，1937年通航，把莫斯科河同伏尔加河连接起来。
- ★ 伏尔加—波罗的海水道，自奥涅加湖至切列波韦茨，全长368公里，把奥涅加湖同伏尔加河连接起来，使圣彼得堡到伏尔加河的航行时间由18天缩短到两天半。这条水路可以行驶5000吨级轮船。
- ★ 伏尔加—顿河运河，全长101公里，1952年建成。

上述运河，可以使莫斯科经水路直通亚速海、黑海、波罗的海，大大改善了首都的对外交往。

三　国民经济

1　国民经济核心指标

近年来俄罗斯经济增长乏力，2013 年 1～11 月，俄罗斯国内生产总值约为 15017 亿美元，同比增长 1.3%。2013 年 7 月至 2014 年 7 月的通货膨胀率为 7.5%。2014 年广义货币 M2 的年均增长率为 6.7%。俄罗斯居民收入呈稳定增长趋势，几乎每年都能够保持 10% 左右的增长率，即使在经济情况最为糟糕的 2009 年和 2010 年也是如此。2013 年，俄罗斯居民收入总额达到 441650 亿卢布。2013 年，俄罗斯共有企业 4843.4 万家，私有企业占总数的 85.9%，国有和市属企业分别占总数的 2.4% 和 4.7%。俄罗斯生产设备严重老化，而固定资产投资在 2012 年之后增长乏力，基础设施投资欠账严重，创新能力不足，这些因素严重制约着经济的可持续发展。

据统计，2014 年 7 月，俄罗斯外汇储备为 4724 亿美元。2013 年俄罗斯进出口总额为 8442 亿美元，出口总额为 5264 亿美元，进口总额为 3178 亿美元，顺差为 2086 亿美元。

俄罗斯外债总额呈上升趋势，但上升比较稳定，每年增长不到 20%，2014 年初达到 7271 亿美元。总体看，俄罗斯债务负担不重，偿债压力不大，短期债务为 840 亿美元，仅占外债总额的 11.6%。2013 年和 2014 年，政府用于偿债的支出稳定在 GDP 的 0.6%。2014 年 7 月，俄罗斯对内发行的国债总额达57572亿卢布，占GDP比重为8.05%；对外发行的国债总额达546.7亿美元，占GDP比重为2.57%；内外国债总额为75959亿卢布，占GDP比重为10.6%。

2014年1月，俄罗斯经济发展部部长乌柳卡耶夫在盖达尔论坛上描绘了未来几年俄罗斯经济的发展前景。他说，未来几年"全球经济增速将不超过3.5%，而我们在最好的情况下能够达到2.5%，我指的是2013年、2014年和2015年，可能还有接下来的几年。这是我们应当应对的挑战"。确实，从现实状况和发展潜力来看，俄罗斯经济短期内基本不具备高速增长的基础，但大幅衰退的可能性也不大，未来若干年将继续维持低速增长态势。这是由世界经济形势，特别是国际能源市场发展状况以及俄罗斯自身的经济结构、消费潜力和投资状况所共同决定的。

2　贸易状况

苏联时期，俄罗斯实行的是排斥市场机制的国家外贸垄断制：进出口业务只允许国家外贸部门所属专业外贸公司经营，出口产品统一由外贸公司集中收购后外销，生产企业没有进出口经营权。在价格管理方面，实行国内外价格脱钩的政策，国家对进出口商品实行补贴，外贸企业不自负盈亏，没有竞争压力。在关税管理方面，针对不同国家实行级差关税政策：对从享有苏联最惠国待遇的国家进口的商品开征1%～10%的最低关税；对从不享有最惠国待遇的国家进口的商品开征

10%～15%的最高关税；对从最贫困的第三世界发展中国家进口的商品豁免关税。在外汇管理方面，实行贸易汇率低于非贸易汇率的双重汇率体制，货币不能自由兑换。

俄罗斯独立后，政府在1991年11月颁布了《对外经济活动自由化法令》，取消了对外贸易国家垄断经营制，实施了"外贸自由化"。1995年又颁布了《国家调节对外经济活动法》，逐步形成了自己的外贸管理体制。目前俄罗斯境内一切企业均可不经专门注册就从事对外经济活动。在进出口管理方面政府逐步放松管制：在进口政策方面，总的趋势是降低进口关税税率；在出口政策方面，政府不断放宽出口限制，除某些国家规定的特殊商品外，全部商品废除出口限额和许可证制度。

为了鼓励出口，政府在财政和金融政策上给予支持和优惠待遇。其具体的方针、政策和措施主要体现在以下三个重要的文件中。第一个文件《1993～1995年刺激工业品出口的措施纲要》，第二个文件是《联邦发展出口纲要》，第三个文件是《俄罗斯联邦1996～2005年出口战略大纲》。普京执政以来，根据俄罗斯经济发展现状和世界经济一体化发展趋势，调整了对外贸易政策的基本方针，提出要积极支持企业的对外经济活动，坚决抵制国际商品、服务和资本市场歧视俄罗斯的行为，争取尽早加入国际经济活动调节体系，首先是世界贸易组织。

3　投资状况

2013年，外国对俄投资总额为1701.8亿美元，对俄投资前 10 位的国家分别是瑞士（246.02 亿美元）、塞浦路斯（226.83 亿美元）、英国（188.62 亿美元）、卢森堡（169.96 亿美元）、荷兰（147.79 亿美元）、法国（103.09 亿美元）、德国（91.57 亿美元）、美国（86.56 亿美元）、爱尔兰（67.57 亿美元）、中国（50.27 亿美元）。外国投资中直接投资仅占 15.4%，而各种贷款占 84%。外国投资主要流向了加工业，占总投资额的 52.8%，其中投向焦炭和石油冶炼的外资占外资总额的 31.7%，投向批发和零售贸易的外资仅占外资总额的 18.2%，其中投向批发贸易（汽车、摩托车除外）的外资占外资总额的 15.8%。

4 货币

在俄罗斯，利率的种类很多，主要有中央银行的官方利率、商业银行的存款利率、短期金融市场利率和各种债券发行利率等。一般情况下，将这些利率分为官定利率、公定利率、自由利率。中央银行再贷款利率在俄罗斯的利率体系中居主导地位。中央银行通过调整再贷款利率的办法调整信贷规模，影响商业银行和金融机构的利率。

长期以来苏联实行的是官方规定的固定汇率。实现本币可自由兑换和放开外汇市场是向市场经济过渡的重要内容，经济转轨以后俄罗斯提出放开汇率，采取激进的一步到位的方式，实现了卢布的可兑换，但付出了沉重的代价。

目前，俄罗斯的外汇市场主要由交易所外汇市场、银行间外汇市场和外汇期货市场三大部分组成。

　　交易所外汇市场由 8 家大的外汇交易所组成。除莫斯科外，其他 7 家分别位于圣彼得堡、叶卡捷琳堡、新西伯利亚、符拉迪沃斯托克、罗斯托夫、萨马拉、下诺夫哥罗德。外汇市场建立初期，莫斯科外汇交易所一直在外汇交易中占主导地位。从 1994 年开始，地区性外汇交易所的业务量呈上升趋势，其中尤为突出的是乌拉尔地区交易所，其在德国马克、美元及其他硬通货的交易额方面都与莫斯科交易所相接近。

特别提示：俄罗斯关税政策调整的优先方向

★ 通过根据商品的加工程度和商品用途征收多种关税刺激生产转向俄罗斯境内。

★ 加强关税的调节功能，保证其平衡性和合理保护国内市场。

★ 通过所征收的出口关税的合理化来免除对出口的限制。

★ 使关税政策工具适应海关联盟和自由贸易区的条件。

★ 优化给予特惠关税待遇的国别清单。

★ 逐步减少扭曲关税调节功能的税收优惠。

★ 保证实施关税调节措施的稳定性和透明度。

四 产业发展

1 概述

俄罗斯产业结构畸形,能源矿产采掘业一家独大,机电产品等制造业严重萎缩,政府财政收入的一半来自石油天然气收入。虽然俄罗斯政府提出创新经济等发展理念,鼓励应用技术的研发,大力改善投资环境,但是俄罗斯经济结构并未出现明显改善,甚至有继续恶化的趋势。2014年1~5月,俄罗斯能源出口占出口总额的72.4%,有色金属出口占出口总额的7.5%,机电产品仅占出口总额的4.4%,比2013年同期下降了13.3%。与此相对应,机电产品所占的进口份额在2014年1~5月为48.3%,远远高于其他商品的进口额。

2 民族工业

"十月革命"前的俄国,工业很不发达,在工农业总产值中,工业仅占1/3,而工业部门结构中又以轻工业为主,其产值约占工业总产值的2/3。本来就十分落后的俄国工业,由于第一次世界大战和"十月革命"后外国武装干涉及国内战争的破坏,濒于崩溃的边缘。国内战争结束后,在国民经济恢复基础上,苏联通过实现国家社会主义工业化的决议。决议明确规定,工业化的总路线的基础就是从重工业开始。从发展重工业的核心，即机器制造业开始，这实际上就是偏重于甲类工业，即生产资料生产。

在这个方针影响下，经过几十年的发展，作为苏联加盟共和国之一的俄罗斯拥有完整的工业体系。具体分为八大工业部门：燃料动力工业，冶金工业，化学和石油化学工业，机器制造和金属加工工业，建筑材料工业，森林、木材加工和纸浆造纸工业，轻工业，食品工业。

3　特色产业

俄罗斯是世界能源大国，石油、天然气、煤和铀分别占世界总储量的 10%、33%、20% 和 14%。在主要能源生产方面，俄罗斯天然气产量居世界第一位，石油产量居世界第二位，电力和煤分别居第四位和第六位。天然气、石油（含凝析油）、电力和煤炭产量分别占世界市场的 23%、10%、6% 和 6%。上述数据表明能源部门对俄罗斯经济的现状和发展前景有着决定性的影响，从总体看，俄罗斯约 1/4 的国内生产总值、1/3 的工业产值、1/3 的联合预算收入、1/2 的联邦预算收入、1/2 的出口收入和 1/2 的外汇收入都是由能源部门保证的。俄罗斯拥有庞大的油气基础设施和统一的油气管道体系、庞大的油气工业体系、一体化的天然气工业公司和石油公司。由于其巨大的优势和重要作用，能源部门一直被视为俄罗斯国家安全的重要保障，也是俄罗斯对外政治和经济合作的重要基础和手段，更是其恢复经济和政治大国地位的重要筹码。2000 年普京执政以来，俄罗斯在世界石油价格不断上升中获得许多实际利益，扭转了连续十年的经济衰退局面，而且在国际能源市场异军突起，成为挑战欧佩克的有力对手，对国际能源市场的影响迅速扩大。没有能源资源产业，就没有俄罗斯应有的国际地位。对俄罗斯而言，"能源帝国"不是梦想，而是现实。

特别提示：俄罗斯工业的特点

★ 重工业发展始终占优先地位，同时随着社会分工的发展和科学技术的进步，逐渐涌现出许多新兴工业部门。工业生产集中程度很高，这是俄罗斯生产力布局政策的结果。在工业生产中，俄罗斯把工业部门分成几个综合体来进行计划和组织发展。这几种综合体是燃料动力综合体、冶金综合体、机器制造综合体、化学森林综合体、建筑综合体、社会综合体和东部的区域性生产综合体。

五　金融体系

1　当地金融业发展概述

2013年7月24日，普京签署了一项总统令，宣布重新整合本国金融监管体制，改变此前的分业监督、多头交叉管理模式，建立统一的大金融监管体制，中央银行（俄罗斯银行）被赋予监管境内所有金融组织和金融活动的全权。在此之前，相关联邦法律草案已经于当月5日和10日分别在俄罗斯议会上下两院（联邦委员会和国家杜马）例行会议上获得审议通过。7月25日，普京总统又签署了一项相关法令，宣布撤销联邦金融市场服务管理局。至此，俄罗斯新一轮金融管理体制改革的法律程序基本完成。上述法律程序在如此短的时间里便得以顺利完成，这在俄罗斯政坛上是不多见的，它显示出俄罗斯决策层对这项金融改革的态度高度一致。

当然，俄罗斯目前确立的这种金融监管模式也有其局限性。通常，中央银行的主要职责是确定国家的货币政策，调控金融市场，以此来影响和推动国民经济发展。将市场的监督管理权也交给央行，这就意味着它同时扮演着两个角色，既是政策的制定者，又是执行政策的监督者，既是领队，又是裁判员。这与当代通行的监督理念是矛盾的，目前大多数国家一般选择由第三方来行使市场监督管理权。

俄罗斯金融体系由金融机构、金融市场和相关法律体系组成。俄罗斯金融机构主要包括银行、保险公司、信用合作社、资产投资公司、典当行、基金管理机构等。俄罗斯政府不直接参与金融事务，金融领域宏观决策由国家金融委员会负责，银行体系由中央银行和商业银行组成。中央银行（俄罗斯银行）专司：货币的发行与市场管理；货币和国家信贷政策的制定；对保险、信贷、有价证券、投资基金、养老基金等金融业务进行全面指导、管理和监察；利用存款准备金、再贴现率、汇率调解、债券的发行与回购等金融手段保持国家宏观经济稳定。俄罗斯商业银行实行混业经营模式，既可以开展存贷款、外汇兑换、支付结算等业务，又可以开展证券承销、投资等风险业务。开办商业银行的门槛较低，对申办商业银行的法人或自然人没有任何特殊规定，所要求的最低注册资本较少。在这种情况下，俄罗斯商业银行数量众多，但绝大多数是小银行。俄罗斯保险公司、信托公司、资产投资公司等金融机构以民营公司为主，总体规模不大。由于金融监管不到位，俄罗斯金融机构之间以及金融机构与非金融机构之间相互拖欠债务、拖欠支付等问题比较突出。

俄罗斯金融市场由信贷市场、证券市场（股票和债券市场）、货币市场、期货市场和保险市场组成。俄罗斯金融市场起步较晚，金融商品的种类、流通性和交易规模都不理想。外汇和国债交易比较活跃，其他金融商品的交易规模相对小得多。俄罗斯实行资本项目开放政策，不进行汇率管制，汇率根据市场行情自由浮动。俄罗斯金融体系长期热衷于发展虚拟经济，对实体经济的促进作用有待提高。俄罗斯金融机构和市场国际化程度较高，在获取大量外国投资的同时也导致其对外资的依赖过大，抵御国际金融风险的能力降低。1998年亚洲金融危机和2008年世界金融危机沉重打击了俄罗斯金融体系，一半左右的金融机构破产。2014年，西方对俄经济制裁造成俄罗斯金融市场资金短缺，给俄罗斯金融体系造成的损害日趋严重。俄罗斯政府正努力加强金融抗风险能力，实行通货膨胀目标制，鼓励长期投资，以使金融更好地为实体经济服务。

2　当地金融业法律法规及外资相关政策

俄罗斯金融领域的主要法律有《俄罗斯联邦中央银行法》《银行和银行活动法》《俄罗斯联邦证券市场法》《俄罗斯联邦股份公司法》《俄罗斯联邦投资基金法》《俄罗斯联邦金融服务市场竞争保护法》《俄罗斯联邦证券市场投资者权益保护法》等。

俄罗斯非常重视对外资立法，自向开放型经济转型起，就开始了整章建制方面的工作，希望通过法律手段建立良好的投资环境以吸引外资，加快俄经济发展的步伐。最早出台的文件是1991年11月15日颁布的《关于俄罗斯联邦境内实施外贸自由化》总统令，根据该总统令，俄企业和组织可以根据俄联邦和国际条约自主地在各领域引进外资。但较为完备的吸引外资的法律体系在20世纪90年代下半期才建立起来。

俄罗斯境内有关吸引和调节外资的法律包括国际法与国内法两大部分，分俄联邦参与签署的国际条约、联邦级基础法律、各职能部门出台的直接调节外资的标准文件和联邦主体一级的法律四个层次。

  国际条约部分包括1992年俄罗斯签署加入的关于处理不同国家国民之间投资争议的《华盛顿公约》和有关多边投资担保机构的《汉城公约》。双边层面，截至2011年10月，俄已与48个国家签署了相互保护投资协定（其中与11个国家的协定是在苏联时期签署的）。与美、英、法、德、日、芬、加、荷、西等80多个国家签署了避免双重征税协定。

  在国内法部分，联邦级的基本法包括民法典、税法典、海关法典，关税法、私有化法、股份公司法和有限责任公司法、外贸活动国家调节法等。

  随着引进外资工作的逐步展开，自20世纪90年代下半期以来，俄又先后出台了《外国投资法》《外汇管理与调节法》《租赁法》《证券市场法》《产品分成协议》《地下资源法》《股份公司法》《劳动法典》《经济特区法》《环境保护法》《建筑法典》等30多部法律和多个由中央银行、海关委员会和其他部委制定的相关准则。其中《外国投资法》为关于外商投资的最重要法律文件。这期间，俄罗斯还颁布了一系列总统令，并对民法、税法、海关法等进行了必要的修改。

延伸阅读：外国投资的市场准入

俄罗斯《外国投资法》规定，为外国投资人和俄罗斯投资人从事投资活动规定同样的权利并提供担保。联邦法律可以为外国投资者规定一些限制性例外，其限度只能是维护俄宪政基础、道德规范、公民健康、权力及合法利益，维护国家国防和安全。俄联邦政府应合理确定对境内外国投资的禁止和限制措施，并拟订有关禁限措施清单的法律草案。1993年《关于完善外商投资工作》的第1466号总统令规定，只有俄联邦法律和俄联邦总统令才可以对俄境内外国投资人的活动规定限制性措施。但从实践看，俄对外资进入涉及国家命脉的行业一直保持相当谨慎的态度，曾实施数条临时法律条例，由于一直缺乏统一的立法体系进行调节，已有的法律并不具有系统性。

1. 禁止进入的行业

为了广泛吸引外资，俄罗斯《外国投资法》对允许外商投资领域的规定比较宽泛，除法律明文禁止或限制的领域，外资均可介入。其中法律禁止的行业很少，只有博彩业和人寿保险业属于国家专营，禁止外商和私人经营。

2. 鼓励进入的行业

长期以来，俄罗斯政府鼓励外商直接投资的领域大多属于传统产业，如石油、天然气、煤炭、木材加工、建材、建筑、交通和通信设备、食品加工、纺织、汽车制造等行业。

目前俄罗斯经济吸引外资的优先方向为：提高和发展企业生产潜力；发展外向型生产和进口商品替代生产；运用动力存储技术、无废物和纯生态技术；发展运输基础设施；建设宾馆、商务中心和其他不动产设施。

2008年金融危机之后，俄罗斯政府更加鼓励外资进入运输、电力基础设施、公共电信和数字电视等行业。

特别提示：俄罗斯的经济特区

★ 为了吸引外资，俄罗斯政府在1991～1992年开办了纳霍德卡、库兹巴斯、泽列诺格勒市、阿尔泰边疆区、赤塔州、萨哈林、加里宁格勒州、犹太人自治州、克麦罗沃州、诺夫戈罗德州等自由经济区。1992年又开始整顿，把原来划定的11个改为5个，即纳霍德卡、萨哈林岛、下诺夫戈罗德、加里宁格勒、圣彼得堡。根据2005年8月27日实施的《俄联邦特别经济区法》，建立了圣彼得堡市、绿城、杜布纳市、托木斯克市、利佩茨克市和叶拉布加市等特区。

俄罗斯
RUSSIA

第四篇
双边关系

俄罗斯
RUSSIA

一 双边政治关系

1 双边政治关系的历史发展

苏联解体后，中俄关系实现了比较平稳的过渡。俄中关系的发展平稳而顺利，先后经历了"睦邻友好关系"（1991～1994年）、"建设性伙伴关系"（1994～1996年）、"战略协作伙伴关系"（1996～2012年）和"全面战略协作伙伴关系"（2012年至今）四个阶段，目前处于历史上最好的时期。2014年5月，中俄两国签署了《中华人民共和国与俄罗斯联邦关于全面战略协作伙伴关系新阶段的联合声明》，把两国关系推向新的高度。该声明内容涉及经贸、能源、军事、高新技术、文化和全球重大安全问题等多个领域，阐述了两国对诸多国际重大问题的共同主张，充分显示出中俄战略利益的一致性和相互关系的紧密性。

中俄已彻底解决了领土纠纷，明确了两国4300多公里的边界线，从而为双方加强政治互信打下了良好的基础。中俄都强调建立公正合理的世界政治经济新秩序，都主张实现世界多极化和尊重文明的多样性，倡导国际关系民主化和尊重联合国宪章与国际法准则，加强联合国的地位，反对霸权主义、双重标准和干涉别国内政。中俄在联合国、二十国集团、金砖国家和上海合作组织等国际多边合作机制和组织中密切合作，在朝核、伊核、叙利亚等国际问题上相互配合。俄罗斯在西藏、台湾、新疆等涉及中国主权和领土完整的重大问题上给予中国明确支持，两国在维护"二战"历史结论和捍卫反法西斯成果方面有着很好的合作。

中俄高层互信程度高，两国建有高层战略磋商机制，两国领导人定期会晤和互访频繁。两国政府所建立的较为完善的双边关系法律（条约）体系以及几乎涵盖各个领域的工作联络机制，有效地推动着双边关系的发展。中俄两国人民相互友好，普遍支持与对方发展友好关系。

2　双边政治关系中的热点问题及重大事件

目前，中俄关系继续沿着平稳顺利的方向发展，两国在各领域的合作取得了一系列的进展。

元首互访是中俄两国非常重要的合作机制。2013年3月，在当选新一届国家领导人后的第一个月内，习近平主席对俄罗斯进行了正式访问，延续了十年来形成的、两国领导人更替后把对方列为首访对象的"传统"。在此次元首峰会期间，双方发表了"联合声明"，批准实施《〈中华人民共和国和俄罗斯联邦睦邻友好合作条约〉实施纲要（2013～2016年）》。在三天的访问中，习近平主席先后会见了普京总统、梅德韦杰夫总理、议会两院主席马特维延科和纳雷什金。尤为引人注目的是，习近平主席还受邀访问俄罗斯国防部，成为首位参观俄军最高指挥部的外国领导人。这次访问，进一步确立了中俄成为彼此外交优先方向的政策基调，深化了全面战略协作伙伴关系。

此后，两国元首又利用各种机会先后举行了四次会晤（金砖四国峰会、G20 峰会、上合组织峰会和亚太经合组织峰会）。这种高水平、高频率、高质量的元首外交，在大国交往当中十分罕见，显示了双方对发展中俄全面战略协作伙伴关系的高度重视，也对两国各领域合作发挥着不可替代的战略引领作用。

目前两国战略合作的重点集中在两个领域，一是双边经贸合作，二是为推动国际关系民主化而进行的国际领域的合作。

2014 年是俄中关系发展成果丰硕的一年。双方举行了包括最高层会晤在内的一系列会晤，签署多项条约和协议，其中包括天然气交易、货币互换协议等。在政治领域双边关系的重要事件是中国对西方制裁俄罗斯的反应。中国外交部表示，如果俄方需要，中方会在力所能及的范围之内提供必要协助。双方的一系列合作巩固了进一步发展战略伙伴关系的基础。

特别提示：上海合作组织

★ 上海合作组织是中俄两国与中亚国家关系发展的最为成功的范例。上海合作组织，简称上合组织（The Shanghai Cooperation Organisation，SCO），前身是"上海五国"会晤机制。1996 年 4 月 26 日，中国、俄罗斯、哈萨克斯坦、吉尔吉斯斯坦、塔吉克斯坦五国元首在上海举行会晤。至此，"上海五国"会晤机制正式建立。成员国为中国、俄罗斯、哈萨克斯坦、吉尔吉斯斯坦、塔吉克斯坦和乌兹别克斯坦，观察员有伊朗、阿富汗、蒙古、巴基斯坦、印度，对话伙伴包括斯里兰卡、白俄罗斯和土耳其，参会客人包括土库曼斯坦、独联体和东盟，工作语言为汉语和俄语。这是中国首次在其境内成立国际性组织，并以其城市命名，宣称以"上海精神"解决各成员国间的边境问题。主要城市包括上海、北京、塔什干、阿拉木图、莫斯科、圣彼得堡，其有两个常设机构，分别是设于北京的秘书处，以及设于乌兹别克斯坦首都塔什干的反恐中心。

二 双边经济关系

1 双边贸易关系

中俄贸易互补性强，发展潜力巨大，两国领导人提出了使双边贸易额在 2015 年达到 1000 亿美元、2020 年达到 2000 亿美元的目标。中国是俄罗斯第一大贸易伙伴，2013 年中俄双边贸易额达到 888.43 亿美元，其中俄罗斯对华出口为 356.31 亿美元，中国对俄罗斯出口为 532.12 亿美元，中国对俄贸易顺差为 175.81 亿美元。中国对俄贸易顺差形成的原因，一方面是俄罗斯对华出口主要为矿物燃料（占对华出口总额的 67.86%）和金属、化工与木制品（占对华出口总额的 19%），而中国政府加大产业结构调整以及中国经济增长速度放缓，导致对俄矿产品和原材料需求下降；另一方面是中国对俄出口商品以机电产品（占对俄出口总额的 36%）、纺织品和鞋帽产品（占对俄出口总额的 27%）为主，俄罗斯经济增速虽然放缓，但就业率仍稳定在较高水平（2013 年为 95%），居民收入稳定增长，对中国商品的需求亦稳定增加。

2 能源合作

能源合作是中俄经贸合作的重点领域。2013 年，俄罗斯宣布在未来 25 年每年向中国供应 4600 万吨石油，协议总价值达

2700亿美元。两国以相互入股的形式成功地开展了油气大项目合作，中国石油天然气股份公司获得俄罗斯诺瓦泰克公司马尔液化气厂20%的股权，每年从该厂进口300万吨液化气。俄罗斯石油获得中俄合资企业"东方石油化工"49%的股份，每年向该公司供应900万吨原油，以保障其1300万吨的原油加工需求。2014年签署的《中华人民共和国与俄罗斯联邦关于全面战略协作伙伴关系新阶段的联合声明》提出，"建立全面的中俄能源合作伙伴关系，进一步深化石油领域一揽子合作，尽快启动俄对华天然气供应，以开发俄境内煤矿和发展交通基础设施等方式扩大煤炭领域合作，积极研究在俄建设新发电设施，扩大对华电力出口"。2014年5月，中俄签署了价值4000亿美元的《中俄东线天然气购销合同》，俄罗斯将在30年内每年向中国供应380亿立方米天然气。此外，俄罗斯与中国还签署了为期25年的供电协议，计划2037年前向中国供电1000亿千瓦时。中俄核电项目合作起步早、成果丰富。俄方帮助中国建造了田湾核电站，并就该核电站二期工程与中方进行深入合作。

3 金融合作

金融合作符合中俄双方增强本币地位、化解美元风险、方便贸易结算的共同战略需求，两国正在逐步扩大在双边贸易、直接投资和信贷等领域的本币结算规模。2013年，中国黑龙江绥芬河市成为中国首个卢布使用试点市。2014年西方加大对俄实行经济制裁之后，俄罗斯的大量企业外汇储备被换成港币，两国正就签署货币互换协议进行磋商。两国投资合作虽然规模不大，但发展快且质量高。2013年1~11月，中国对俄投资为50.27亿美元，在对俄投资国中排名第10位。但是，中国的直接投资达到24.8亿美元，其占投资额的比例远高于其他国家对俄直接投资占比，并且中国对俄投资呈现行业覆盖面宽、地域覆盖面广的特点，这对俄罗斯经济以及中俄经济合作的可持续发展都非常有益。

4 旅游

受金融危机的持续性影响，2013年以来两国旅游发展增速有所放缓。根据中国国家旅游局的统计，2013年1~10月，俄罗斯赴华游客总数为184.58万人次，同比下降9.36%，但俄罗斯仍是我国入境游的第三大客源国。

与此同时，两国在旅游合作方面也取得一些新进展。俄联邦政府宣布，自2014年1月起，俄罗斯对来自20个国家的外国游客实行免签，游客可在俄停留三昼夜，即72小时。游客需购买任意一家俄罗斯航空公司机票，并在指定的11个机场之一抵达边境，便可以享受免签待遇，中国已被列入这20个国家之中。这为吸引中国游客赴俄罗斯旅游创造了更为便利的条件。

5 教育

中俄两国在教育服务领域的合作一直保持着积极发展态势。

根据中国驻俄罗斯大使馆的统计,目前俄罗斯全境共有两万多名中国留学生,占外国在俄罗斯留学生总人数的 20% 左右。

2012 年 12 月在莫斯科举行了中俄人文合作委员会第 13 次会议与中俄教育合作分委会第 12 次会议,两次会议上均提出了未来两国教育领域合作的计划与设想。两国将扩大留学生互换规模,搭建更多的高校合作平台,譬如经济类、师范类和语言类高校之间的合作平台,以期为中俄高校和学者之间的务实合作发挥更大作用。2013 年两国进一步加大教育合作力度,增加了互派留学生的人数。

特别提示:中俄经贸合作新特点

★ 近年来,中俄两国高层互访频繁,签署了包括能源合作在内的多项合作协议,将两国务实合作提升到新水平,也为未来长期合作规划了美好前景。两国的经贸合作出现了一些新特点:①双边货物贸易增速明显放缓;②两国贸易的互补性依然很强;③网购成为一种新型贸易方式;④服务贸易保持稳定增长;⑤投资快速增长成为双边合作的新亮点;⑥中俄地方合作不断深化。

三 俄罗斯主要工会、商会及华人社团

1 俄罗斯独立工会联合会

成立于1990年11月，目前是俄罗斯最大的工会组织，下设120个会员组织，其中产业工会42个，州一级工会78个，基层组织30余万个，拥有会员约4000万人，工会组织率为70%。工会通过三方机制发挥作用。

2 俄罗斯联邦工商会

包括173家地方工商会、178家企业家联合会、37家联邦范围的商业机构、450个由工商会参与组建的企业及公司（在地方范围内为企业提供信息服务）、在14个国家注册的15家代表处、6家与其他国家共同组建的合作性商会。工商会下设国际商业仲裁法庭、海事仲裁委员会、中立法庭和翻译联合会。

3 俄罗斯中国总商会

成立于2006年4月15日，现任会长单位为欧洲商业开发投资管理中心，目前有会员企业4000余家（包括个人商户）。俄罗斯中国总商会的宗旨和任务是加强全俄中资企业间的交流与合作，为会员提供各类政策信息、业务咨询和法律服务，加

强中资企业与俄政府部门及商界的沟通,反映会员的愿望和要求,维护会员的合法权益,推动中俄经贸关系发展。

商会地址:莫斯科市新村街4号

电　　话:007-499-9730227

传　　真:007-499-9735228

四 俄罗斯当地主要中资企业

境内投资主体	境外投资企业（机构）	归属	经营范围
中国检验认证（集团）有限公司	中国检验认证集团俄罗斯代表处	中央企业	代表总公司对外联络、协调相关事务，促进中、俄两国检验认证业务的开展，提供咨询和信息交流
中国石油技术开发公司	中国石油技术开发公司俄罗斯办事处	中央企业	在俄罗斯从事石油物资装备市场开发和产品推广，配合公司总部在俄罗斯项目及合同的执行，代表公司进行对外交流与联络
中国检验认证（集团）有限公司	中国检验认证集团赤塔有限公司	中央企业	为有关部门及贸易关系人授权或委托进行的检验、鉴定、认证、测试以及其他相关技术服务
中国轻工业品进出口总公司	三联俄罗斯有限公司	中央企业	建材商品、玩具出口
保定天威保变电气股份有限公司	天威投资管理公司封闭式股份公司	中央企业	对非居民楼维护管理，地块维护，设备安装，供热网供电网维护，排、供水网安装和日常维修；清除垃圾；广告服务；货物运输服务；创立和管理商店、饭店、咖啡馆、俱乐部、宾馆、单独服务居民场所；组织、举办展览、交易会；仓储保管；厂房的基本建设工程服务、建筑服务；办公室设计、建设、使用和维修等
欧洲商业开发投资管理中心	莫斯科国际贸易中心物业管理有限责任公司	中央企业	对非居民楼维护管理，地块维护，设备安装，供热网供电网维护，排、供水网安装和日常维修；清除垃圾；广告服务；货物运输服务；创立和管理商店、饭店、咖啡馆、俱乐部、宾馆、单独服务居民场所；组织、举办展览、交易会；仓储保管；厂房的基本建设工程服务、建筑服务；办公室设计、建设、使用和维修等

续表

境内投资主体	境外投资企业（机构）	归属	经营范围
神华国际贸易有限责任公司	神华集团俄罗斯办事处萨哈林分部	中央企业	信息调研、项目沟通、联络宣传等集团交办的工作
中国水电建设集团国际工程有限公司	中国水电（俄罗斯）有限责任公司	中央企业	工程设计、建筑施工、设备安装等
中国石油天然气股份有限公司	中俄原油管道（腾达）计量办事处	中央企业	从事原油计量监督工作以及相关后勤保障工作
中国航空技术国际控股有限公司	中国航空技术国际控股有限公司驻俄罗斯代表处	中央企业	贸易、市场开拓

详细中资企业名录请参见：中国商务部"中国对外投资和经济合作"网站⇨"境外企业（机构）"，相关网址为http://wszw.hzs.mofcom.gov.cn/fecp/fem/corp/fem_cert_stat_view_list.jsp。

俄罗斯
RUSSIA

附　录

俄罗斯
RUSSIA

附录一　世界银行·营商环境指数

为评估各国企业营商环境，世界银行通过对全球国家和地区的调查研究，对构成各国的企业营商环境的 10 组指标进行了逐项评级，得出综合排名。营商环境指数排名越高或越靠前，表明在该国从事企业经营活动条件越宽松。相反，指数排名越低或越靠后，则表明在该国从事企业经营活动越困难。

俄罗斯营商环境排名

俄罗斯	
所处地区	欧洲和中亚地区
收入类别	高收入
人均国民收入总值（美元）	13210
营商环境 2016 年排名：51，与上一年相比，前进 3 名	

莫斯科营商环境概况

下表同时展示了莫斯科各分项指标与"世界领先水平"的距离，"世界领先水平"反映了《2016 年全球营商环境报告》所包含的所有经济体在每个指标方面（自该指标被纳入《营商环境报告》起）表现出的最佳水平。每个经济体与领先水平的距离以从 0 到 100 的数字表示，其中 0 表示最差表现，100 表示领先水平。

指 标	莫斯科	欧洲和中亚地区	经合组织
开办企业			
2016年与世界领先水平的距离（百分点）	91.08		
程序（个）	5.0	4.7	4.7
时间（天）	12.0	10.0	8.3
成本（占人均国民收入的百分比）	1.2	4.8	3.2
实缴资本下限（占人均国民收入的百分比）	0.0	3.8	9.6
办理施工许可证			
2016年与世界领先水平的距离（百分点）	66.5		
程序（个）	19.0	15.9	12.4
时间（天）	244.0	176.3	152.1
成本（占人均收入的百分比）	1.7	4.4	1.7
获得电力			
2016年与世界领先水平的距离（百分点）	85.43		
程序（个）	3.0	5.7	4.8
时间（天）	150.0	118.5	77.7
成本（占人均国民收入的百分比）	71.9	440.2	65.1
登记财产			
2016年与世界领先水平的距离（百分点）	90.51		
程序（个）	3.0	5.4	4.7
时间（天）	15.0	22.0	21.8
成本（占财产价值的百分比）	0.2	2.6	4.2
获得信贷			
2016年与世界领先水平的距离（百分点）	65.00		
合法权利指数（0~12）	6.0	6.2	6.0
信用信息指数（0~8）	7.0	6.3	6.5
公共注册处覆盖范围（占成年人的百分比）	70.2	37.4	66.7
私营调查机构覆盖范围（占成年人的百分比）	0.0	23.8	11.9

续表

指标	莫斯科	欧洲和中亚地区	经合组织
保护少数投资者			
2016年与世界领先水平的距离（百分点）	56.67		
披露指数	6.0	6.7	6.4
董事责任指数	2.0	4.9	5.4
股东诉讼指数	7.0	6.7	7.2
纠纷调解指数（0~10）	5.0	6.1	6.3
股东权利指数（0~10.5）	7.0	7.2	7.3
所有权和管理控制指数（0~10.5）	6.0	5.5	5.6
公司透明度指数（0~9）	6.0	6.1	6.4
股东治理指数（0~10）	6.3	6.3	6.4
少数投资者保护力度指数（0~10）	5.7	6.2	6.4
纳税			
2016年与世界领先水平的距离（百分点）	81.55		
纳税（次）	7.0	19.2	11.1
时间（小时）	168.0	232.7	176.6
利润税（占利润百分比）	8.9	10.8	14.9
劳动税及缴付（占利润的百分比）	35.6	20.4	24.1
其他税（占利润的百分比）	2.6	3.1	1.7
应税总额（占利润的百分比）	47.1	34.8	41.2
跨境贸易			
2016年与世界领先水平的距离（百分点）	37.39		
出口耗时：边界合规（小时）	96	28	15
出口所耗费用：边界合规（美元）	1125	219	160
出口耗时：单证合规（小时）	43	31	5
出口所耗费用：单证合规（美元）	500	144	36
进口耗时：边界合规（小时）	96	23	9
进口所耗费用：边界合规（美元）	1125	202	123

续表

指　标	莫斯科	欧洲和中亚地区	经合组织
进口耗时：边界合规（小时）	43	27	4
进口所耗费用：边界合规（美元）	500	108	25
执行合同			
2016年与世界领先水平的距离（百分点）	79.04		
时间（天）	310.0	480.7	538.3
成本（占标的额的百分比）	15.0	26.2	21.1
司法程序质量指数（1～18）	12.5	10.5	11.0
时间（天）	310.0		
备案与立案	30.0		
判决与执行	160.0		
合同强制执行	120.0		
成本（标的额的百分比）	15.0		
律师费（占标的物价值的百分比）	10.0		
诉讼费（占标的物价值的百分比）	5.0		
强制执行合同费用（占标的物价值的百分比）	0		
司法程序质量指数（1～18）	12.5		
办理破产			
2016年与世界领先水平的距离（百分点）	58.16		
时间（年）	2.0	2.3	1.7
成本（占资产价值的百分比）	9.0	13.2	9.0
结果（0为零散销售，1为持续经营）	0	0	1
回收率（每美元美分数）	41.3	38.3	72.3
启动程序指数（0～3）	2.5	2.4	2.8
管理债务人资产指数（0～6）	5.0	3.9	5.3
重整程序指数（0～3）	1.0	1.7	1.7
债权人参与指数（0～4）	3.0	1.7	2.2
破产框架力度指数（0～16）	11.5	4.7	12.1

资料来源：世界银行《2016年全球营商环境报告》。

附录二　其他领事馆信息

驻哈巴罗夫斯克总领事馆

地　　址：680028, Stadium of Lenin, Khabarovsk, Russia
电　　话：007-4212-306163
传　　真：007-4212-311759
网　　址：http://www.fmprc.gov.cn/ce/cgkhb/chn/
　　　　　http://www.chinaconsulate.khb.ru/
邮　　箱：chinaconsul_khab_ru@mfa.gov.cn

驻符拉迪沃斯托克领事办公室

电　　话：007-4232-497204、007-4232-495035
传　　真：007-4232-497459、007-4232-497210

驻圣彼得堡总领事馆

地　　址：No.134, Nab.kanala Griboedova, St. Petersburg
电　　话：007-9627035069
信　　箱：Nab.kanala Griboedova, No. 134, St. Petersburg, 190121, Russia
网　　址：http://saint-petersburg.china-consulate.org
　　　　　http://saint-petersburg.chineseconsulate.org
　　　　　http://stpetersburg.china-consulate.org
　　　　　http://stpetersburg.chineseconsulate.org

驻伊尔库茨克总领事馆

地　　址：俄罗斯伊尔库茨克市卡尔马克思大街 40 号，664007

电　　话：007-3952-781431

传　　真：007-3952-781438

网　　址：http://irkutsk.chineseconsulate.org/

邮　　箱：consulate_irkutsk@mfa.gov.cn

驻叶卡捷琳堡总领事馆

电　　话：007-922-1509999
　　　　　007-922-6193399

传　　真：007-343-2535784

网　　址：http://ekaterinburg.chineseconsulate.org

跋

"丝绸之路经济带"和"21世纪海上丝绸之路"战略构想为沿线国家的经贸往来和文化融合带来千载难逢的机遇。作为中国唯一连续经营百年以上、机构网络遍及海内外40多个国家和地区的大型商业银行，中国银行在国际化经营水平、环球融资能力、跨境人民币业务等方面具有独特优势。随着国家"一带一路"战略梦想一步步走进现实，中国银行正励精图治，努力成为实现这个伟大梦想的金融大动脉。

"国之交在于民相亲，民相亲在于心相交。""一带一路"战略布局涉及区域广阔，业务广泛。它不仅是一条经济交通之路，更是一条民心交融之路，其建设发展在很大程度上取决于文化的影响力和穿透力。《文化中行——"一带一路"国别文化手册》的付梓，恰逢我行整合海内外资源、布局全球一体化协同发展的关键时期。《手册》以研究海外机构特点和服务对象需求为出发点，致力于解决文化冲突、促进文化融合，力求为海外机构提供既符合中国银行价值理念，又符合驻在国实际的文化指引。

《手册》在前期充分调研的基础上，与社会科学文献出版社共同编辑出版。《手册》紧紧围绕业务需求，深耕专业领域，创新工作思路，填补了我行海外文化建设领域的空白。这是中国银行在大踏步国际化背景下，抓紧建设开放包容、具有强大影响力的企业文化的需要，是发挥文化"软实力"、保持集团可持续发展的需要，更是投身国家重大战略部署、担当社会责任的需要。

社科文献出版社是我国社会科学研究领域的权威出版机构，在人文社会科学著作出版方面享有盛誉。在编纂过程中，特别邀请了外交部、商务部专家重点审读相关章节。针对重点领域的工作需要，设置了"特别提示"和"扩展阅读"，为"一带一路"发展战略提供了较为丰富的实例和参考。

文化的力量是无穷的。希望《文化中行——"一带一路"国别文化手册》行之弥远、传之弥久，以文化的力量推动"一带一路"金融大动脉建设，为实现"担当社会责任，做最好的银行"的战略目标添砖加瓦。

2015 年 12 月

后　记

《文化中行——"一带一路"国别文化手册》是中国银行在全力服从国家"一带一路"战略，依托百年发展优势，布局全球、协同发展的大背景下编撰的国别类文化手册。由中国银行企业文化部牵头，在办公室、财务管理部、总务部、集中采购中心的大力支持下，在社会科学文献出版社经管分社团队的共同努力下编辑出版。

手册在编辑过程中广泛征求了各海外分支机构的意见，得到了雅加达分行、马来西亚中国银行、马尼拉分行、新加坡分行、曼谷子行、胡志明市分行、万象分行、金边分行、哈萨克中国银行、伊斯坦布尔代表处、巴林代表处、迪拜分行、阿布扎比分行、匈牙利中国银行、卢森堡有限公司波兰分行、俄罗斯中国银行、乌兰巴托代表处、秘鲁代表处、仰光代表处、孟买筹备组、墨西哥筹备组、维也纳分行、摩洛哥筹备组、智利筹备组、毛里求斯筹备组、布拉格分行的大力支持，在此一并表示感谢。

编写组在编纂过程中参考了不同渠道的相关资料，主要包括外交部国家（地区）资料库，商务部"对外投资合作国别

(地区）指南 2014 版",社会科学文献出版社"列国志"大型数据库,以及中国银行海外分支机构提供的相关资料。

  本手册系定期更新,欢迎各界提供最鲜活的资料,使手册更具权威性和客观性。

图书在版编目(CIP)数据

俄罗斯 / 中国银行股份有限公司, 社会科学文献出版社编.
— 北京：社会科学文献出版社, 2016.1
（文化中行："一带一路"国别文化手册）
ISBN 978-7-5097-8418-1

Ⅰ.①俄… Ⅱ.①中… ②社… Ⅲ.①俄罗斯–概况
Ⅳ.①K951.2

中国版本图书馆CIP数据核字（2015）第276740号

文化中行："一带一路"国别文化手册
俄罗斯

编　　者 /	中国银行股份有限公司
	社会科学文献出版社
出 版 人 /	谢寿光
项目统筹 /	恽　薇　王婧怡
责任编辑 /	蔡莎莎
出　　版 /	社会科学文献出版社·经济与管理出版分社（010）59367226
	地址：北京市北三环中路甲29号院华龙大厦　邮编：100029
	网址：www.ssap.com.cn
发　　行 /	市场营销中心（010）59367081　59367090
	读者服务中心（010）59367028
印　　装 /	北京盛通印刷股份有限公司
规　　格 /	开　本：889mm×1194mm 1/32
	印　张：3.625　字　数：76千字
版　　次 /	2016年1月第1版　2016年1月第1次印刷
书　　号 /	ISBN 978-7-5097-8418-1
定　　价 /	48.00元

本书如有破损、缺页、装订错误，请与本社读者服务中心联系更换
▲ 版权所有 翻印必究